Das Erbe der Trugbilder

Wie Götter, Geister und Gebote entstanden sind

Sieben Essays über Gott und die Welt

AF203985

# Das Erbe der Trugbilder
## Wie Götter, Geister und Gebote entstanden sind

## Sieben Essays über Gott und die Welt

Von

Pius Ehrenfeld

2. Auflage

Ehrenfeld, Pius:
Das Erbe der Trugbilder
Wie Götter, Geister und Gebote entstanden sind
tredition 2015
ISBN:
    978-3-7323-3297-7 (Paperback)
    978-3-7323-3601-2 (Hardcover)
    978-3-7323-3602-9 (e-Book)

Zur Umschlagillustration wurde ein Ausschnitt des Außenflügels von Hieronymus Boschs Triptychon „Der Garten der Lüste" verwendet, s. auch Kapitel 1, Zwischenüberschrift „Heilige Wahrheiten". Quelle: Datei Jheronimus Bosch 023 exterior 02.jpg, veröffentlicht von Vincent Steenberg am 12. Okt. 2010 in wikimedia.org. Zitat: „Dieses Werk wurde als frei von bekannten urheberrechtlichen Einschränkungen identifiziert, einschließlich aller verwandten Schutzrechte."

# Inhalt

# Vorwarnung

In einigen dieser „Sieben Essays über Gott und die Welt"
setze ich mich kritisch mit der Herkunft religiöser Schriften
und dem Gottesbegriff auseinander. Meiner persönlichen
Sozialisation entsprechend geht es dabei im Schwerpunkt
um christlich/katholische Sichtweisen. Ich wende mich
ausdrücklich nicht an gläubige Menschen, deren religiöse
Gefühle durch diese kritische Auseinandersetzung mit den
Ursprüngen der Religion verletzt werden könnten. Dies ist
nicht beabsichtigt, aber aufgrund des Themas auch nicht zu
vermeiden. Lesen Sie trotz dieses Hinweises weiter, so tun
Sie dies auf eigenes Risiko – ich habe Sie gewarnt und bin
nicht verantwortlich, wenn Sie sich in irgendeiner Weise
unglücklich fühlen. Ich missioniere auch nicht, da ich nicht
weiß, ob ich bei einem Leser etwas zerstöre, für das ich keinen Ersatz bieten kann. Allerdings haben die echten Missionare selten gefragt, ob die meist unfreiwillig Bekehrten
überhaupt missioniert werden wollten!

Ausdrücklich wende ich mich an die Zweifler und
Sucher, die ein Unbehagen über das Verhalten der
Amtskirchen und deren Selbstverständnis verspüren.

Immanuel Kant schrieb am Ende des 18. Jh.:

„Aufklärung ist der Ausstieg des Menschen aus seiner
selbst verschuldeten Unmündigkeit. Unmündigkeit ist
das Unvermögen, sich seines Verstandes ohne Leitung
eines anderen zu bedienen. Selbst–verschuldet ist diese
Unmündigkeit, wenn die Ursache derselben nicht am
Mangel des Verstandes sondern der Entschlusskraft und
des Mutes liegt, sich seiner ohne Leitung eines anderen
zu bedienen[1][2]. Sapere Aude! Habe Mut, Dich Deines
eigenen Verstandes zu bedienen!"

Versuchen Sie einmal, diesen Kernsatz der Aufklärung zu verinnerlichen und prüfen Sie kritisch, ob Sie sich danach noch wohl fühlen.

In den folgenden sieben Essays habe ich die zum jeweiligen Thema gehörende These vorangestellt und schließe dann eine lockere Sammlung von Fakten an. Ich möchte Sie neugierig machen und empfehle dringend, mit den hier gewonnenen Suchbegriffen in den einschlägigen Suchmaschinen des world-wide-web auf Jagd zu gehen.

Im Spätsommer 2014

Pius Ehrenfeld

**Dank**

Einige meiner Freunde haben im Manuskript kritisch nach Missverständlichkeiten und Schreibfehlern gesucht und sind auch fündig geworden. Ein herzliches Dankeschön also an U.U., E. U., U. R., U. R., B. P. und U. P.

---

[1] Kant, Immanuel: „Beantwortung der Frage: Was ist Aufklärung?" Mehrere Fundstellen.
[2] Wikipedia: Stw. „Was ist Aufklärung?", Stand Oktober 2013

# Zur 2. Auflage

Einige Schreibfehler korrigiert, Anregungen von Lesern eingearbeitet und einige meiner Erkenntnisse und Vermutungen besser formuliert.

Im Frühjahr 2015

Pius Ehrenfeld

# 1. Welt der Augenscheinzeit

Wenn das Universum einen Anfang hatte, können wir von
der Annahme ausgehen, dass es durch einen Schöpfer
geschaffen worden sei. Doch wenn das Universum wirklich
völlig in sich selbst abgeschlossen ist, wenn es wirklich
keine Grenze und keinen Rand hat, dann hätte es auch
weder einen Anfang noch ein Ende; es würde einfach sein.
Wo wäre dann noch Raum für einen Schöpfer?
STEPHEN HAWKING

## These

Der größte Teil der religiösen Schriften sind aus Eindrü-
cken heraus entstanden, die aus dem Augenschein ihrer
Entstehungszeit gewonnen wurden. Für die meisten der
dort behandelten naturwissenschaftlichen, psychologischen
und soziologischen Phänomene sind diese Eindrücke,
gemessen am heutigen Wissensstand, pure Trugbilder und
daher nicht als Basis für eine wünschenswerte universelle
Weltordnung (oder etwas bescheidener: *Erd*ordnung)
geeignet.

## Denkanstöße zur These

Ich war 11 Jahre alt, als ich in der 1. Klasse einer Real-
schule mein Wissen aus den Fächern Religion, Geografie
und Geometrie zur folgenden Frage an den Religionslehrer
kombinierte:

„Wo kamen eigentlich die hunderte von Millionen Ton-
nen Wasser für die Sintflut her und wohin sind sie am Ende
wieder abgeflossen?"

Basis der Überlegung war, dass das Wasser, so wie man
es in der Bibel ab Genesis 6,17[1] lesen kann, als hohe Flut
über die ganze Erde hereinbrach und alles Leben vernich-

tete, soweit es sich nicht auf die Arche retten konnte. Der Religionslehrer meinte, die Bibel sei kein Naturkundebuch, man dürfe sie für solche Themen daher auch nicht wörtlich nehmen. Außerdem sei die Größe der Erde den Menschen der damaligen Zeit auch völlig unbekannt gewesen.

Mit dieser Antwort musste ich mich zufrieden geben. Heute sehe ich sie als Ausdruck eines Dilemmas: Auf der einen Seite sind religiöse Basiswerke wie die Bibel für die jeweiligen Mitglieder nicht nur Glaubens- sondern auch Wissensverpflichtung, auf der anderen Seite entlarven die stetig wachsenden Erkenntnisse der Wissenschaften die meisten der dort aufgestellten Thesen als a priori falsch. Da die Grenzen zwischen religiösen und naturwissenschaftlichen Themen oft nur sehr unscharf zu ziehen sind, kommt man ohne fachmännische, theologische Kommentare nicht weiter: Die Bibel ist also nur etwas für geschulte Kleriker.

Schauen wir uns kurz einmal die einfache Frage nach der Größe unserer Welt an. Beschränkt man sich auf das Augenscheinliche, das ohne irgendwelche Hilfsmittel und Denkakrobatik Erkennbare, dann ist die Antwort nicht sonderlich kompliziert. Wir müssten dann aus den Informationen, die wir aus der sichtbaren Welt empfangen, Rückschlüsse auf den unsichtbaren Rest ziehen. Nehmen wir jedoch Werkzeuge wie beispielsweise Teleskope für die verschiedensten elektromagnetischen Wellenbereiche sowie Computer zur Hand, gerät der Himmel aus den Fugen und wir erreichen für uns unvorstellbare Dimensionen. Hier gibt es dann keine einfachen Fragen und erst recht keine einfachen Antworten mehr.

**Was wir sehen können**

Beginnen wollen wir also mit dem Augenscheinlichen und versetzen uns zurück in die Zeit der Entstehung der großen Kulturen. Was wir „Augentiere" erkennen können sind Land, Berge und Täler, Flüsse und Meere. Als Form der Erde konnten wir damals wohl nur eine Scheibe vermuten, für die Kugelform fehlten noch Erkenntnisse. Die Ränder dieser Scheibe waren uns aus alten Mythen und Überlieferungen bekannt, auf alle Fälle geht es dort unheimlich zu.

Wir sehen tagsüber die wärmende und lichtspendende Sonne von Ost nach West über den Himmel gleiten und nachts den Mond mit sich in einem Zyklus ungefähr 29 Tagen wandelnder Gestalt. Diese Zeitspanne wird dann auch in zahlreichen Kulturen eine magische Bedeutung erhalten und beispielsweise die Basis für Kalendersysteme sein.

Wir erkennen die vielen Sterne. Mit bloßem Auge können wir in klaren Nächten ungefähr 6.000 in unterschiedlicher Helligkeit erkennen. Bis auf einige wenige verändert sich die Anordnung der Sterne untereinander nicht und das ganze Sternengebilde dreht sich um den Himmelsnordpol. Die Drehung ist etwas kürzer als ein Tag und nach genau einem Jahr sehen wir um die gleiche Uhrzeit wieder die gleichen Sterne an der gleichen Stelle. Seit alten Zeiten hat man Sterngruppen in phantasievollen Bildern zusammengefasst und ihnen Namen gegeben: Orion, Großer Bär, Andromeda, um nur drei zu nennen. Die Beständigkeit dieser Bilder wurde Grundlage für die Navigation vor allem bei seefahrenden Völkern.

Die Milchstraße als weißlich schimmerndes Band bewegt sich genau wie die Sterne. Aber was ist sie, was hat sie zu bedeuten? Die Antworten der alten Kulturen sind recht unterschiedlich, hier eine Deutung aus der griechischen Mythologie: Die alten Griechen erklärten sich das Phänomen Milchstraße mit einer Sage: Herkules, der Sohn des Göttervaters Zeus und der Menschenfrau Alkmene, soll schon als Baby sehr stark gewesen sein. Aus „himmelspolitischen" Gründen stillte nicht Alkmene sondern die Göttin Hera den Kleinen. Der jedoch sog viel zu heftig an der Mutterbrust und die Milch spritzte in hohem Bogen zum Himmel und wurde dort zur Milchstraße[23].

Vor allem in den polytheistischen alten Kulturen finden sich ähnlich anschauliche Geschichten sowohl für die Entstehung der Welt als auch für tausende kleinere Phänomene unserer Umgebung. Unendlich war hier zwar noch nicht das Weltall, aber sicher die Phantasie der Erfinder solcher Urmärchen, die in ihrer erhabenen Grausigkeit einen erschaudernden Einblick in die Welt des Übernatürlichen gaben.

Doch zurück zum Ausgangspunkt. Über die Entfernungen der einzelnen Himmelsgebilde untereinander hatten die Menschen nur unklare Vorstellungen, vielleicht gab es auch keinen Grund, sich darüber Gedanken zu machen.

### Beobachten und denken

Bis das Fernrohr im 17. Jahrhundert erfunden wurde hatte man bereits mit Beobachten, Nachdenken und Messen wesentliche Erkenntnisse gewinnen können, die über das Augenscheinliche deutlich hinausgehen. Zwei Beispiele:

Einige unserer Ur-Vorfahren waren Küstenbewohner und es wird ihnen aufgefallen sein, dass man von einem höheren Standort aus am Horizont entfernt liegende Inseln oder Klippen zunächst erkennen kann, diese dann aber mit dem Herabsteigen allmählich wieder verschwinden. Nach gründlichem Nachdenken könnte man auf die Idee gekommen sein, dass die Erde eine riesige Kugel sei. Den ersten seefahrenden Völkern war auch bereits vor Jahrtausenden bekannt, dass man von einem herannahenden Schiff zunächst nur die Mastspitze, dann den Mast und erst bei weiterer Annäherung auch den Rumpf sehen konnte – und das abhängig von der Höhe des Beobachterstandortes.

Der griechische Wissenschaftler Eratosthenes[4][5] lebte im 3. Jh. vor Christus und hat durch Nachdenken und Beobachten den Erdumfang mit 39 375 km erstaunlich präzise berechnet. Ihm kam dabei zugute, dass zu seiner Zeit die Schiefe der Ekliptik fast genau mit dem Breitengrad von Syene (heute: Assuan) in Ägypten identisch war und die Sonne folglich am 21. Juni im Zenit und damit genau senkrecht zur Erdoberfläche stand. Rund 785 km weiter nördlich in Alexandria zeigte zur gleichen Tageszeit ein senkrecht in die Erde getriebener Stab jedoch einen Schatten, also eine Neigung gegenüber der direkten Linie zur Sonne. Eratosthenes bestimmte einen Schattenwinkel als ein 50stel eines Kreises (das sind 7,2°) und schloss daraus, dass der Erdumfang 50 mal so groß sein muss wie die Strecke von Syene bis Alexandria. Eine großartige Leistung, zumal er sich mit seiner Berechnungsmethode auch gegen die damals noch vorherrschende Erdscheibentheorie stellte.

### Denkverbote

Überspringen wir die Jahrhunderte und kommen zu der im ausgehenden Mittelalter heiß diskutierten Frage, ob nun die Erde der Mittelpunkt der Welt sei oder die Erde mitsamt den anderen Planeten sich um die Sonne dreht: Geozentrisches kontra heliozentrisches Weltbild. Es war damals bereits allgemeiner Konsens, dass die Erde eine Kugel und nicht etwa eine Scheibe ist.

Aber eine die Sonne umkreisende Erde war pure Ketzerei und wurde von der Inquisition auch entsprechend geahndet. Giordano Bruno (1548–1600) war mit seinen Gedanken weit bis in unsere Zeit vorgedrungen und lehrte damals bereits die Unendlichkeit des Universums, die Möglichkeit (unendlich) vieler Lebewesen auf fernen Planeten und die Einheit von Gott und Weltall (Pantheismus). Dafür starb er im Jahre 1600 auf Geheiß der Inquisition qualvoll auf einem Scheiterhaufen in Rom.

In der Zeit Galileo Galileis (1564 - 1642), einem der größten Genies der Menschheit, tobte die Inquisition auf Rekordhöhe. Kleinste Quäntchen an Abweichung vom Dogmensystem der römisch-katholischen Kirche wurden als Ketzerei gebrandmarkt und nicht selten mit dem Feuertod geahndet. Das galt nicht nur für Glaubensabweichler, nein, auch Abweichler im Bereich der Naturwissenschaften lebten gefährlich. Galilei musste sich 1633 vor der Inquisition verantworten, weil er die fast 100 Jahre alte kopernikanische Lehre von der Sonne statt der Erde als Weltmittelpunkt für richtig unterstützt hatte. Hätte er dieser Theorie nicht gegen seine Überzeugung schriftlich und mündlich abgeschworen, wäre er sicher, wie so viele andere, verbrannt worden. Und das für eine Theorie, die sich durch richtig gedeuteten Augenschein und ohne Denkverbote damals bereits problemlos hätte verifizieren lassen.

Über Jahrhunderte hatte die Kirche die Bibel als Wahrheitsfundament auch für naturwissenschaftliche Fakten teilweise mit Gewalt durchgesetzt. Denkverbote belegten weite Wissensbereiche und so fiel man oft weit hinter den Erkenntnisstand der „alten Griechen" zurück. Das änderte sich erst mit dem Beginn der Neuzeit, das heliozentrische Weltbild wurde zum Wissensstandard und einschlägige Denkverbote, die jahrhundertelang jeden Fortschritt u. a. auch in der Astronomie blockiert hatten, fielen so nach und nach.

Interessant zu wissen, dass in der Blütezeit des Islams (ca. 750 – 1250) fast alle wissenschaftlichen Disziplinen dort weiter entwickelt waren als im Abendland. Sicher wäre das Abendland ohne die von der Kirche gesetzten Restriktionen von vielen Fehlentwicklungen verschont geblieben.

Eine treffende Bezeichnung für das Mittelalter, das ungefähr die Zeitspanne von 6. bis zum 15. nachchristlichen Jahrhundert umfasste und das in Europa wesentlich wenn nicht sogar ausschließlich von der römisch-katholischen Kirche geprägt wurde, findet sich bei J. C. Majer[6]: *Die tausendjährige Nacht.*

### Was wir heute vom Universum wissen

Auch die abendländische Astronomie wäre ohne die Denkverbote wesentlich weiter gekommen, den Durchbruch erzielten jedoch technische Hilfsmittel. Dies war zunächst einmal das Fernrohr (Anfang des 17. Jh.), mit dessen Hilfe man sich die Himmelsobjekte näher heranholen konnte. Inzwischen können wir mit speziellen Teleskopen auch unsichtbare Informationsträger wie Radiowellen, Ultraviolett- und Infrarotstrahlung empfangen. Nicht zu vergessen die Computertechnik, mit der die gigantischen Rechenleistungen zur Aufbereitung der Bilder erbracht werden können. Die vorläufige Krone ist das 1990 in Betrieb gegangene Hubble-Weltraumteleskop, ein etwa omnibusgroßer Satellit, der ungestört von den Einflüssen der Erdatmosphäre phantastisch scharfe Bilder aus den Tiefen des Weltalls liefert.

An die Größe unseres Heimatplaneten Erde haben wir uns gewöhnt, wir kennen ihn aus Karten und den kleinen Nachbildungen, den Globen. Den Umfang von ungefähr 40.000 km können wir uns auch noch vorstellen: Das ist so die Strecke, die ein vielbeschäftigter Familienvater in einem Jahr mit seinem Auto zurücklegt, um Kunden oder Lieferanten zu besuchen.

### Was kann man sich noch vorstellen?

Die Entfernungen zwischen Himmelskörpern sprengen schnell unsere Vorstellungskraft. Die mittlere Entfernung unseres Mondes beträgt 380.404 km, das sind fast zehn Erdumfänge. Ein gutes Dieselauto schafft es, in seinem „Autoleben" diese Strecke auf der Erde einmal zurückzulegen und verbraucht dabei bei moderater Fahrweise 30.000 Liter Treibstoff. Alles noch vorstellbar und wir ändern für weitere Vergleiche die Einheit der Entfernung auf 1 Million km. Durch die Computertechnik sind wir es gewohnt, das Speichervolumen in Gigabyte anzugeben, das sind 1 Millionen Kilobyte. So stellen wir fest, dass der Mond 0,38 Gigameter, abgekürzt Gm, von uns entfernt ist.

Kommen wir zur Sonne, unserem gigantischen Wärme- und Lichtspender. Fast 150 Gm ist sie entfernt und das Licht mit seiner Geschwindigkeit von 300.000 km pro Sekunde (0,3 Gm/s) benötigt 8,3 Minuten, um zu uns zu kommen. Wenn wir uns mit Hilfe eines speziellen Fernrohres die Sonnenoberfläche ansehen, dann sehen wir also den Zustand, den diese vor 8,3 Minuten hatte.

Wir spüren die Grenzen unserer Vorstellungskraft nicht nur bei den kosmischen Entfernungen, auch die Zeitspannen sind nicht wirklich greifbar für unsere Sinne. Es gilt heute als erwiesen, dass unser Weltall durch eine explosionsartige Aufblähung einer extrem dichten Urmaterie entstanden ist. Dieser Urknall fand vor ungefähr 13,5 Milliarden Jahren statt. Unser Sonnensystem und damit auch die Erde entstanden, nach dem über zwei Drittel dieser Zeit bereits abgelaufen war.

Erstes mehrzelliges Leben entstand auf der Erde vor über eine Milliarde Jahren im Proterozoikum. Die Dinosaurier hatten ihre Blüte in der Kreidezeit und endeten abrupt durch eine kosmische Katastrophe vor 65 Millionen Jahren. Aus den Säugetieren entwickelte sich in Afrika der heutige Mensch, der homo sapiens (das bedeutet soviel wie „weiser Mensch") vor etwa 100.000 – 200.000 Jahren. Erste Hochkulturen finden sich in Mesopotamien und Ägypten vor ungefähr 6.000 Jahren.

Ich nehme zur Veranschaulichung der Proportionen ein dickes Buch, z. B. die Bibel in einer Ausgabe der Deutschen Bibelgesellschaft Stuttgart von 1982. Sie umfasst nahezu 1.350 Seiten und jede Seite enthält etwa 1.600 Zeichen. Wir ordnen den Urknall der ersten und unsere heutige Zeit der letzten Seite zu. Unser Sonnensystem entsteht erst bei Seite 1.000 mit dem Neuen Testament. Da eine Seite 10 Millionen Jahre widerspiegelt, finden wir das Kambrium auf Seite 60 vor dem Schluss der Bibel. Die Dinosaurier sterben bereits auf der siebtletzten Seite aus. Den 150.000 Jahren, seit denen es so ungefähr den heutigen Menschen gibt, entsprechen nur 24 Zeichen, z. B. der Satz

„Wir sind der homo sapiens!"

Für die weniger als 6.000 Jahre seit dem Beginn der Hochkulturen bleibt uns gerade mal

O

(ein Buchstabe!) Unsere Vorstellungskraft kommt bei solchen Zahlenspielchen leicht in Schwierigkeiten und man muss sich möglichst unterschiedliche Bilder ausdenken. Besser bekommt man diese 6.000 Jahre Kulturgeschichte in den Griff mit der Vorstellung, dass dies gerade einmal 200 Generationen unserer Spezies sind. Wir können daher annehmen, dass sich die Menschen vor 6.000 Jahren in Aussehen und Charakter nur sehr wenig von uns unterschieden haben. Aber das ist ein Thema für ein anderes Kapitel.

### Das Lichtjahr

Die Entfernung können wir also auch mit der Zeitdauer angeben, die das Licht zur Überbrückung einer bestimmten Entfernung benötigt: Die Sonne ist also 8,3 Lichtminuten von uns entfernt. Damit sind wir bei einer von Astronomen häufig verwendeten Einheit für die Entfernung: Dem Lichtjahr (LJ) mit 9,45 Billionen km oder (kürzer) 9,45 Pm (Peta ist die Abkürzung von $10^{15}$).

Wozu benötigt man denn solch gigantische Einheiten? Wir werden sehen, dass selbst 1 Pm für Astronomen eine Winzigkeit ist, hat doch der uns am nächsten gelegene Fixstern Proxima Centauri im Sternbild Zentaur eine Entfernung von 4,2 LJ oder 40 Pm.

Ohne die Sonne wäre die Erde ein unbewohnbar kalter Planet. Die Sonne erzeugt als riesiger Atommeiler Energie durch Umwandlung von Wasserstoff in Helium, der Brennstoff reicht noch für hunderte von Millionen Jahre. Wie gewaltig die Energieabstrahlung ist verdeutlicht folgendes

Zahlenspiel: Der Anteil der Fläche eines Großkreises der Erde an der Oberfläche einer Kugel mit dem Abstand Sonne–Erde als Radius beträgt 0,000 000 000 45 – ungefähr ein halbes Milliardstel. Dieses halbe Milliardstel Energie der Sonne, das auf der Erde ankommt, ist mehr als das 5.000-fache des Energiebedarfs der Menschheit im Jahre 2010[7]. Von der Sonne aus gesehen ist die Erde soviel wie ein Stecknadelkopf in 24 m Entfernung. Und trotzdem ist es „schön warm" bei uns!

Eine weitere Bemerkung am Rande: Während ich dies schreibe, melden die Nachrichten, dass Mitarbeiter der Europäischen Südsternwarte ESO in Garching bei einem 11 LJ entfernten Stern Gliese 667C drei von ihrer Beschaffenheit her möglicherweise mit einer Biosphäre ausgestattete Planeten entdeckt haben. Wollten wir diese unsere Nachbarn einmal besuchen und nehmen wir an, dass unser Raumschiff mit einer Geschwindigkeit von 1000 km/s reisen könnte (das ist über dreißigmal schneller als es die Marssonde Maven 2014 war [8] und 100-mal schneller als die Raketen der Apollo-Missionen), dann dauert diese Reise immerhin 3.270 Jahre - fast halb so lange, wie es die menschlichen Hochkulturen auf der Erde gibt. Wir müssten also auf dem Raumschiff über die Infrastruktur zum Erzeugen und Aufziehen von 100 Generationen Nachkommen verfügen – und eine Seuche würde alles zunichte machen. Die Weltraumreisen der Science-Fiction-Romane sind also blanker Unsinn.

### Unvorstellbare Weiten und Mengen

Was ist nun eigentlich mit der Milchstraße? Mit den immer leistungsfähigeren Teleskopen konnte man einige der mit bloßem Auge als Lichtpunkte erkennbaren Gebilde als gigantische Ansammlung von Sonnen identifizieren, viele haben eine spiralförmige Struktur und sie tragen die Bezeichnung Galaxie. Da liegt die Vermutung nahe, dass wir und unsere Sonne Teil einer solchen Galaxie sind. Tatsächlich liegen wir auf einem der Spiralarme einer Galaxie und das Band der Milchstraße ist sozusagen die Innenansicht unserer Heimatgalaxis. Astronomen schätzen den Durchmesser unserer Galaxis auf über 100.000 LJ und die Anzahl der enthaltenen Sterne auf 100 bis 300 Milliarden. Na, raucht schon der Kopf? Und die Ausdehnung des gesamten Universums schätzt man auf über 90 Mrd. LJ, die Anzahl der enthaltenen Galaxien auf ca. 100 Mrd.

### Das Alter unseres Universums

Die Kosmologen sind sich weitgehend darüber einig, dass unser Universum vor ca. 13,5 Mrd. Jahren durch einen Urknall aus einer unvorstellbar dichten und heißen Urmaterie entstanden ist und sich seitdem immer weiter ausdehnt. Einige Religionen haben, soweit sie diese Form der Entstehungsgeschichte überhaupt anerkennen, im Urknall einen schöpfenden Gottesakt entdeckt. Diese Festlegung hat den Vorteil, dass das Geschehen vor dem Urknall in den Bereich göttlicher Aktivitäten fällt und daher von uns Menschen nicht weiter diskutiert werden muss. Nun geht aber das Forschen und Spekulieren weiter und inzwischen gibt es eine – natürlich unbewiesene und möglicherweise überhaupt nicht beweisbare – Theorie des *Multiversums*, das kontinuierlich Universen gebiert und so per se unendlich ist. Mal sehen, was daraus wird.

Zum Vergleich: Um das Jahr 1900 herum schätzte man die Anzahl der Sterne auf „nur" 180 Millionen[9]. Wir erkennen: Die alten Beschreibungen aus der Augenscheinwelt unserer Urahnen haben rein gar nichts mehr zu tun mit dem, was wir heute über das Weltall wissen. Und bescheiden wollen wir hinzufügen, dass die Erkenntnisse zukünftiger Wissenschaftler noch großartiger sein werden.

### Heilige „Wahrheiten"

Doch zurück zum Ausgangspunkt unserer Betrachtungen. Den Schwerpunkt religiöser Überlieferungen bilden zweifellos die Themenkreise „Beziehungen der Menschen untereinander" und „Verhältnis zu Gott bzw. den Göttern". Damit die daraus resultierenden Gesetze und Regelungen auch glaubhaft wirken, erklären diese Werke meist auch alltägliche Geheimnisse, zu denen sicher die Entstehung der Welt und die Bedeutung von Sonne, Mond und den Sternen zählen. Fragen nach dem Woher und Wohin und eine plausible Erklärung geheimnisvoller Phänomene rundeten diese Werke so ab, dass sie für die Menschen eine Quelle der Zuversicht und eine wirksame Stütze im Überlebenskampf sein konnten. Zur Erleichterung der Durchsetzung und zur Vermeidung unliebsamer Korrekturen wurden diese Regelungen als für Menschen unantastbar und heilig (sakrosankt) dargestellt. Und dies galt dann auch für Themen, die eigentlich eher von naturwissenschaftlicher Art sind. So haben sich bis heute unschöne Irrlehren erhalten.

Hinweise zur Entstehung der Welt finden sich zunächst im ersten Buch der Bibel, der Genesis:

Genesis 1,2: Am Anfang schuf Gott Himmel und Erde, die ganze Welt. Auf der Erde war es noch wüst und unheimlich

Genesis 1,9: Das Wasser auf der Erde soll sich sammeln, damit das Land sichtbar wird ...

Genesis 1,14: Dann befahl Gott: „Am Himmel sollen Lichter entstehen, die Tag und Nacht voneinander trennen und nach denen man Tage, Jahre und Festzeiten bestimmen kann .

Auch in den Psalmen (Psalm 33,6 ff.) finden wir in einer etwas härteren Diktion folgendes:

33,6 Durch das Wort des Herrn entstand der Himmel, er schuf die Gestirne durch seinen Befehl.

33,7 Das Wasser am Himmel hat er in Wolken gefasst, die Fluten in Kammern eingesperrt.

Das ist nicht mehr der wohlwollend tätige Schöpfer der Genesis, hier kann man erahnen, wie es denen ergeht, die nicht seinen Geboten folgen:

33,8 Vor ihm muss sich die ganze Erde fürchten und jeder Mensch in Ehrfurcht erschauern.

33,9 Denn er spricht und es geschieht: er gibt einen Befehl, schon ist er ausgeführt.

Die lateinische Form von Psalm 33,9 „Ipse dixit et facta sunt; ipse mandavit et creata sunt" ziert übrigens den Außenflügel von Hieronymus Boschs Triptychon „Der Garten der Lüste", den ich als Umschlagsillustration zu diesem Buch verwendet habe.

Diese Bibelzitate sind zweifelsfrei die Sprache der Augenscheinzeit. Nur auf diesem Erkenntnisniveau konnte damals Religion kommuniziert werden. Hätte einer der Religionsschöpfer etwas von Lichtjahren, Urknall und Spiralnebeln gewusst, nichts davon hätte er sprachlich und inhaltlich vermitteln können - möglicherweise hätte man ihn auch als gefährlichen Spinner geviertteilt.

„Am Anfang schuf Gott das Universum und seine Naturgesetze" könnte vielleicht stimmen, der Schöpfungsakt wäre dann identisch mit dem Urknall. Unsere Sonne und ein „Urbrocken" der Erde entstanden vor 4,5 Milliarden Jahren aus einer Verdichtung von Staub – die „Lichter am Himmel" waren also schon lange vor der Erde da. Wann und wie das Wasser als Voraussetzung von Leben auf der Erde entstanden ist, ist noch unklar, es war jedoch sicher schon vorhanden, als sich erstes Leben ca. 1 Milliarde Jahre nach der Erdentstehung bildete. Säugetiere erschienen in der Jurazeit (vor 201 – 145 Millionen Jahren) und die ältesten Menschenschädel sind gerade mal 100.000 bis 200.000 Jahre alt.

Die These von der Erdscheibe ist seit über zwei Jahrtausenden widerlegt, trotzdem: Auch heute noch finden sich auf der homepage der US-amerikanischen „Flat Earth Society" völlig abstruse Vorstellungen von unserem Heimatplaneten.

### Die Bibel wörtlich nehmen

Das schlimmste Beispiel kollektiver Dummheit bieten wohl die Kreationisten (lat. *creatio*: Schöpfung, Schaffung). Sie nehmen die Schöpfungsgeschichte der Bibel wörtlich. Der erste Mensch ist demnach auch tatsächlich Adam. In einer einschlägigen Genealogie[10] findet man seine persönlichen Daten: Geboren 4004 v. Chr. im Garten Eden, gestorben 3070 v. Chr. irgendwo. Die Mutter dieses ersten Sterblichen ist unbekannt, der Vater ist „wahrscheinlich ein Gott". Eva lebte von 4000 bis 3074 v. Chr.: Adam war also vier Jahre alt, als Gott sie aus einer seiner Rippen formte. Eva erreichte das stolze Alter von 934 Jahren. Ein paar Generationen später finden wir Methusalem (3317 – 2348 v.

Chr.), 969 Jahre alt geworden, später dann Noah (2948 – 1998 v. Chr., 950 Jahre). Es verblüfft, dass dieser Noah „Retter der Kreaturen Gottes auf der Arche" der 108 Urgroßvater Seiner Majestät König George I (1660 – 1727 n. Chr.) ist. Weiter in der Genealogie finden wir den Abraham der Genesis. Geboren wurde er entweder 2052 oder 1996 v. Chr. und wurde genau 175 Jahre alt. Er gilt als „Erfinder" des Monotheismus und legte den Grundstein für die drei Weltreligionen Judentum, Christentum und Islam, den nach ihm benannten abrahamitischen Religionen. Obwohl seine Existenz wissenschaftlich nicht bewiesen ist gilt er als direkter Vorfahr von Jesus und wahrscheinlich auch Mohammed – soweit Stammbäume über eine solch lange Zeit überhaupt verifizierbar sind. Irgendwie erinnert mich das an eine nette Stelle in Hans Weigels Buch „Lern dieses Volk der Hirten kennen": „Es ist unbekannt, ob Wilhelm Tell je gelebt hat, aber es ist sicher, dass er den Gessler erschossen hat!"

## Fragwürdige Altersangaben

Zunächst einmal verwundert das hohe Lebensalter der Personen im vorigen Abschnitt. Unsere Spezies, der homo sapiens, hat seine Lebenserwartung in den letzten 10.000 Jahren sicher nicht wesentlich verändern können. Stimmen die Generationenzahlen, dann reichen die ca. 200 Generationen bei weitem nicht aus, um den menschlichen Genom so massiv zu verändern, dass ein Sprung in der Lebenserwartung von 1000 zu 70 Jahren möglich wäre. Menschen mit einer zwölfmal höheren Lebenserwartung müssten also eine andere Spezies sein, hierfür jedoch gibt es keinerlei Hinweise, weder in den Funden noch in den Erkenntnissen der Evolutionsbiologie. Es ist also unsinnig anzunehmen, dass damals auf der Erde in unmittelbarer räumlicher Nähe zwei so unterschiedliche Menschenarten leben konnten.

Alles spricht jedoch dafür, dass die Generationenabstände in alter Zeit eher kürzer waren als sie es heute sind. Viele Altersangaben der Bibel sind also reine Phantasiewerte, die auf unsichere Quellen oder Rechenfehler schließen lassen – aber so steht es in der Genesis. Und wer die wörtlich nimmt, kommt schnell aufs Glatteis.

Noch einmal zurück zu Methusalem und vergleichen wir die biblischen Aussagen mit der weitgehend gut dokumentierten Situation im alten Ägypten. Die Zeitspanne von der 0. bis zur 5. Dynastie, die 2323 v. Chr. endete, dauerte ungefähr 700 Jahre. In dieser Zeit lebten über 34 Herrscher oder Pharaonen und regierten im Durchschnitt knapp 20 Jahre: Das ist plausibel und deckt sich mit allen ernstzunehmenden wissenschaftlichen Erkenntnissen. Das beunruhigende ist nur, dass auch heute trotz aller Aufklärung Millionen von Menschen den Bibeltext wörtlich nehmen. Wahrscheinlich entstanden die Phantasiezahlen durch Verständigungsprobleme oder wahrscheinlicher noch durch eine Verwechslung von Jahr und Monat. Dann wäre Methusalem 969 Monate oder 78 Jahre alt geworden, was damals ein durchaus „biblisches Alter" war.

### Fazit

Werke wie die Bibel sind von Menschenhand verfasst und beschreiben die Welt oft sehr fehlerhaft aus dem Augenschein ihrer Entstehungszeit heraus. Bezogen auf das Tatsächliche erzeugt das Augenscheinliche viele Trugbilder, aus denen sich kaum ein vernünftiger Verhaltenscodex für die Menschen und erst recht keine naturwissenschaftlichen Erkenntnisse gewinnen lassen. Eine kritische Auseinandersetzung mit diesen Texten verhinderten die häufig angeordneten Denkverbote.

Viele Probleme unserer Zeit wie die durchaus noch zunehmende Wissenschaftsfeindlichkeit, die Benachteiligung der Frauen, der Missbrauch von Sozialisation und Spiritualität, die Missachtung der Gesetze der Evolution und die unzureichende Bekämpfung von Dummheit sind ein Erbe dieser Trugbilder. Da die Inhalte dieser Texte Gegenstand frühkindlicher Prägung waren und sind, wurden sie über hunderte von Generationen quasi als fester Grundstoff des Lebens weitergegeben.

Denken Sie einmal über die folgendes Zahlenspiel nach: Die Erde ist einer von acht Planeten unserer Sonne und die Anzahl von Sonnen in allen Galaxien ist sicher viel größer als eine 10 mit 18 Nullen. Auch die Zeit unseres irdischen Wirkens verschwindet im Maßstab kosmischen Wirkens zur Bedeutungslosigkeit. Können Sie sich irgendwie vorstellen, dass ein Schöpfer das alles erschaffen hat, um uns auf unser winzigen Erde ein geistiges/moralisches Signal zu geben? Das kommt uns erdgeschichtlichen Eintagsfliegen deshalb so vor, weil wir uns nur in einem kleinen Zeitabschnitt beobachten und uns noch nicht einmal vorstellen können, wie sich die Alpen vor knapp 50 Millionen Jahren über einen längeren Zeitraum zur heutigen Größe aufgefaltet haben.

Lassen wir zum Abschluss unserer Überlegungen einen der größten Denker unserer Zeit zu Wort kommen: Albert Einstein:

> „Zwei Dinge sind unendlich, das Universum und die menschliche Dummheit, aber bei dem Universum bin ich mir noch nicht ganz sicher. Falls

Gott die Welt geschaffen hat, war seine Hauptsorge sicher nicht, sie so zu machen, dass wir sie verstehen können."

Aber auch vor ihm gab es schon bemerkenswerte Philosophen wie Erasmus von Rotterdam (ca. 1467 – 1536): „Je weniger wir Trugbilder bewundern, desto mehr vermögen wir die Wahrheit aufzunehmen."

Das passt gut zum Titel dieses Buches. Oder mit beißendem Spott:

„Es tut halt so sauwohl, keinen Verstand zu haben, dass die Sterblichen um Erlösung von allen möglichen Nöten lieber bitten, als um Befreiung von der Torheit[11]."

## Hinweise und Quellen

[1] Alle Bibelzitate aus: Die Bibel in heutigem Deutsch. Deutsche Bibelgesellschaft Stuttgart 1982

[2] http://www.wasistwas.de/wissenschaft/eure-fragen/planeten-und-raumfahrt/link//3a9978aec2/article/warum-heisst-die-milchstrasse-milchstrasse.htm

[3] Schwab, Gustav: Die schönsten Sagen des Altertums. 4. Buch: Aus der Herkulessage

[4] Schwartz, Eduard: Charakterköpfe aus der Antike. Köhler und Amelang, 1956

[5] Pieper, Werner: Informationen zu Eratosthenes, Erklärung seines Verfahrens zur Bestimmung des Erdumfangs in: http://www.wernerpieper.de/schmath/erl_erat.htm, Stand Juli 2013

[6] Majer, D. Johann Christian: Germaniens Urverfassung. verlegt bey Carl Ernst Bohn, Hamburg 1798; Seite 13 und weitere.

[7] wikipedia Stw. Sonnenenergie, Stand Oktober 2014

[8] Für die Entfernung von 711 Mio. km benötigte die Sonde ungefähr 10 Monate, das entspricht einer mittleren Geschwindigkeit von 27 km/s. Daten aus der Tagespresse diverser Medien vom 22.09.2014.

[9] Tromholt, Sophus: Eine Reise durch den Weltenraum. Verlag Reclam, 1889

[10] fabpedigree.com. Hier: Adam zu finden unter „Adam, the first Man"

[11] Lehmkuhl: Erasmus – Machiavelli – Zweieinig gegen die Dummheit. Verlag Königshausen und Neumann Würzburg 2008, Seite 40

# 2. Evolution

Die natürliche Auslese sorgt dafür, dass
immer die Stärksten oder die am besten
Angepassten überleben.
CHARLES DARWIN

## These

Wenn auch die Entstehung von erstem Leben auf dieser
Erde noch nicht abschließend geklärt ist, so ist doch die
Entstehung der Arten als eine Folge millionenfacher Anpassungsprozesse hinreichend bewiesen. Ein gezielter Schöpfungsakt für alle oder auch nur für bestimmte Lebewesen
ist nirgends erkennbar. Nur aus den Mechanismen der
Evolution heraus sind Entstehung und Untergang von Arten und Spezies zu erklären. Der Mensch ist dabei ein
Zufallsprodukt: Es gibt keine systematische Entwicklung
mit dem Ziel „Mensch" oder irgend einem anderen
Lebewesen: „Wir sind ... ein unwahrscheinliches und
gefährdetes Wesen[1], das nach unsicheren Anfängen als
kleine Population in Afrika zum Glück Erfolg hatte, und
nicht das vorhersagbare Endresultat einer weltumspannenden Tendenz. Wir sind ein Objekt, ein Detail der Geschichte, nicht die Verkörperung allgemeiner Prinzipien.[2]"
Die Evolution beschränkt sich allerdings auf biologische
Prozesse. Wollten wir Menschen die Formen unseres
Zusammenlebens nachhaltig verbessern, dann hilft nur die
adäquate Nutzung unseres Verstandes und kein Hoffen auf
die Mechanismen der Evolution.

# Denkanstöße zur These

### Die Theorie von Jean-Baptiste Lamarck

Dieser Botaniker und Zoologe lebte von 1744 bis 1829 und entwickelte lange vor Charles Darwin eine eigene Evolutionstheorie, nach der Tiere und Menschen Eigenschaften, die sie im Laufe ihres Lebens erworben haben, an ihre Nachkommen weitergeben können. Häufig wird die Entwicklung des Giraffenhalses als Beispiel angeführt: Die Giraffe musste sich strecken, um zur Nahrungsaufnahme auch an die höher gelegenen Bereiche der Bäume zu gelangen, was zu einer allmählichen Streckung des Halses führte. Dieses erworbene Merkmal wird weitergereicht an die Nachkommen[3].

Aus heutiger Sicht gilt die Lamarcksche Theorie als widerlegt, weil sich durch den einfachen Erwerb von Eigenschaften das Erbgut nicht verändern lässt. Neueste Forschungen scheinen einen Teil der Lamarckschen Theorie zu rehabilitieren: Resultate der Epigenetik[4] [5] zeigen, dass auch manche erworbene Eigenschaften weitervererbt werden können. Ob und wie Gene wirken hängt nämlich davon ab, ob sie über „Epi-Marks" ein- oder ausgeschaltet sind. Durch bestimmte Lebenserfahrungen kann so ein Teil der Gene abgeschaltet werden. Sie sind zwar vorhanden, wirken aber nicht. Ein solcher Abschaltmechanismus kann weitervererbt werden. Es könnte also sein, dass sich beide Theorien zumindest teilweise ergänzen.

### Die Theorie von Charles Darwin

Dieser Naturforscher lebte von 1809 bis 1882. Mit seinem 1859 veröffentlichten Hauptwerk „Über die Entstehung der Arten" veränderte er grundlegend das Weltbild der Menschen und stellte die Schöpfungsgeschichte der Bibel infrage.

Darwins Theorie zusammengefasst[6]:

- Es überleben die am besten angepassten Individuen

- es besteht ein Wettbewerb um lebenswichtige Ressourcen (z.B. Wasser, Nahrung)

- Organismen erzeugen mehr Nachkommen als zum Überleben der Spezies erforderlich, so dass ein durch die Auswahlmechanismen entstehender „Schwund" die Überlebenschancen einer Art nicht verringert

- Individuen einer Art gleichen sich nie ganz

- Individuen, die durch Zufall besser an die (sich ggf. verändernden) Umweltbedingungen angepasst sind, haben mehr Nachkommen

- Das zufällige Auftreten neuer Merkmale lässt sich durch Rekombination und Mutation erklären.

Die Fortschritte von Gentechnik und Molekularbiologie im 20. J.H. haben Darwins Theorie wissenschaftlich bestätigt. Darwins Feststellungen kombiniert mit den Erkenntnissen aus allen Teilbereichen der Biologie sind heute in der „Synthetischen Evolutionstheorie" zusammengefasst und gelten als die plausibelste Erklärung zur Entwicklung des Lebens.

Darwin stellt, wie oben bereits angedeutet, die biblische Schöpfungsgeschichte infrage und wird daher von religiösen Fundamentalisten aller Couleur heftig attackiert. Als

Gegenbewegung findet der „Kreationismus" vor allem in
den USA Millionen von Anhängern, die mit skurrilen
Beweisen gegen die Gesetze der Evolution zu Felde ziehen[7].
Dabei ist es den Kreationisten bisher nicht gelungen, auch
nur den kleinsten Entwicklungsschritt in unseren
biologischen Systemen zu erklären.

### Kirche und Evolution

Interessanterweise waren es häufig christliche
Fundamentalisten, die den Schöpfungsgedanken in Gefahr
sahen und wohl auch ahnten, dass bei einem „Sieg" der
Evolutionstheorie ein schöpfender Gott nicht mehr
erforderlich bzw. sogar nicht mehr tragbar sein könnte.

Die katholische Kirche akzeptiert inzwischen die Gesetze
der Evolution. Wenn es aber um Details geht, wird theolo-
gisch getrickst. Hierzu ein Beispiel: Die Genesis schildert in
1 Mose 1,27, wie Gott den Menschen nach seinem Bilde
geschaffen hat. Der Papst Johannes Paul II sagte dazu:
„Wenn der menschliche Körper seinen Ursprung in der
lebenden Materie hat, die *vor* ihm existierte, dann ist doch
seine Seele unmittelbar von Gott geschaffen.[8]" Wir wissen,
dass die Schimpansen und wir gemeinsame Vorfahren hatten. Also irgendwo in der mehrere Millionen Jahre[9] dauern-
den Übergangsphase von diesen Vorfahren zum homo
sapiens wird einem Individuum die Seele eingehaucht. Das
ist nun wirklich *Glaubens*sache, oder?

Die evangelische Kirche äußert sich dezidiert, nachzule-
sen u. a. in einem Artikel der „WELT" vom 19. 08. 2013[10]:
„Dieser Streit (Anm. d. Verf.: Gemeint ist der Streit zwischen den Kreationisten und den Anhängern der
Evolutionsbiologie) schwappt aus den USA zu uns und
führte bereits zu politischen Debatten, als vor einem Jahr

die hessische Kultusministerin (und evangelische Synodale) Karin Wolff von „erstaunlicher Übereinstimmung" zwischen Evolution und Bibel sprach. Damit löste sie auch innerkirchlich einen Disput aus, in dem sich die Vernunftsfraktion der EKD mit dem Erstarken der bibeltreuen Evangelikalen konfrontiert sah. Und ganz fair geht es da auch nicht zu, wenn es später heißt: „Während die EKD es bei Biologen ablehnt, wenn diese zur Kritik der Theologie ansetzen, dürfe der Glaube die Wissenschaft bei deren Fakteninterpretation kritisieren." Da sind wir plötzlich wieder bei den Denkverboten des Mittelalters, der „Tausendjährigen Nacht [11]"

### „Bibel statt Darwin"

Unter diesem Titel berichteten deutsche Zeitungen im Februar 2014 folgendes[12]: 90% der US-Amerikaner zweifeln an der Evolutionstheorie und sind davon überzeugt, dass Gott oder eine andere höhere Macht für die Entstehung des Alls, der Erde und der Menschen verantwortlich ist. Bei den Evangelikalen sind es sogar 97% und mehr als die Hälfte glaubt an den Kreationismus. Das verwundert einen Kenner des US-Amerikanischen Bildungssystems nicht und wir kommen auf dieses Thema in den Kapiteln „Das Geheimnis der Sozialisation" und „Über die Dummheit" noch einmal zurück. Die Folgen einer solchen kollektiven Unwissenheit sind beachtlich, z. B. sind die USA nach wie vor der größte Umweltverschmutzer der Erde. Die Ursachen sind vielfältig, z. B. lässt das US-amerikanische Wirtschaftssystem die Berücksichtigung langfristiger ökologischer Aspekte kaum zu, vor allem aber verhindert die fehlende Kenntnis der Evolution die Einsicht in die sensiblen Zusammenhänge in unserer Biosphäre.

Warten wir ab. Ich bin davon überzeugt, dass in ein paar Jahrzehnten die christlichen Kirchen das Korsett naturwissenschaftlich falscher Bibelstellen verlassen werden um frei zu sein für eine Orientierung an einer Ethik, die *allen* Menschen dabei hilft, mit ihren emotionalen und rationalen Unzulänglichkeiten im Alltag fertig zu werden.

Wer sich im Detail über die Evolution (die ja eigentlich keine Theorie mehr ist sondern den Charakter eines Naturgesetzes hat), sei auf die reichhaltige Literatur verwiesen [13] [14] [15] [16].

### Fehlgeschlagener Gegenbeweis, ein Beispiel

Ich nehme aus der Fülle der widerlegten Argumentationen gegen die Evolution das Konzept der „Nicht reduzierbaren Komplexität" heraus. Ein irreduzibles komplexes System besteht aus einer Vielzahl von Grundfunktionen, die zur Gesamtfunktion beitragen. Entfernt man eine beliebige der Grundfunktionen, funktioniert das Gesamtsystem nicht mehr. Nun wird behauptet, dass ein solches System nicht durch fortgesetztes Verbessern weniger komplexer Vorgänger entstehen kann und es eines intelligenten Designers (z. B. eines Gottes) bedarf, um diesen mächtigen Schritt zu ermöglichen. Das Problem ist: Bisher konnte keine einzige irreduzible Struktur nachgewiesen werden. Im Gegenteil: Die Anhänger der Theorie nannten das Auge der Wirbeltiere als Beispiel für ein irreduzibles System. Inzwischen konnten die Evolutionisten nachweisen, dass auch für das Auge eine Progressionsreihe beweisbar ist. Wichtig zu wissen, dass die Kreationisten fast alle aus den USA stammen (s. Kapitel „Über die Dummheit"). Hier wird die Bibel wörtlich genommen und alle das Gegenteil beweisende Fakten ignoriert.

## Liebe und Evolution

Eine kleine Szene: Auf einer Bank einer Promenade sitzen ein paar halbwüchsige Jungs und reden lässig über alles mögliche. Da kommen vier eingehakte Mädchen etwa gleichen Alters vorbei. Sie kichern aufgeregt und schauen sich dabei an. Die Jungmänner ändern sofort Thema und Gestus: Sie sitzen plötzlich gerade und strecken die Brust heraus, wodurch sie etwas größer wirken als vorher. Sie schauen sich die Mädchen intensiv aber eher aus dem Blickwinkel heraus an und geben ulkige Laute von sich. Die Mädchen versuchen, die Jungs so anzusehen, als ob sie diese völlig ignorierten. Der Schritt bekommt etwas wiegendes und der Oberkörper streckt sich, als ob sie die Knaben auf ihre Rundungen aufmerksam machen wollten. Als die Mädchen etwa zehn Meter entfernt sind, erheben sich die Herren und folgen den Mädchen in gehörigem Abstand.

Das haben wir alles schon selber in irgend einer Form erlebt. Aber woher kommt dieses Ritual? Dazu ist es hilfreich, sich die letzten größeren Schritte der Evolution des Menschen einmal anzusehen. Ich zitiere hier in Auszügen Desmond Morris[17].

Zunächst einmal ein paar grundsätzliche Unterschiede zwischen uns und den uns nahestehende Primaten:

Bei den Primaten ist *sexuelles Handeln* beschränkt auf die kurze Zeit des Jahres, in denen das Weibchen empfängnisbereit und das Männchen entsprechend stimuliert ist. Beim Menschen gibt es diese Beschränkungen auch in der unfruchtbaren Zeit der Frau nicht.

Das *Liebeswerben* bei Primaten ist reduziert auf Balzen und Rangkämpfe, beim homo sapiens dagegen geprägt von zahlreichen Zwischenschritten von der ersten „Ortung" bis zum eigentlichen Liebessakt. Es kann Tage, Wochen und auch länger dauern, bis man sich „einig" ist.

Bei der *Dauer des Geschlechtsakts* sind (aus unserer Sicht) die Primaten mit ca. 8 Sekunden (Pavian) nicht gerade „ausdauernd". Gesunde Menschen lassen sich einschließlich Vorspiel über 1000 mal mehr Zeit.

Extrem unterschiedlich ist auch die *Auslösung der Paarung*: Primaten paaren sich nur in der Zeit des Eisprungs. Da der sexuelle Akt der Menschen nicht ausschließlich der Fortpflanzung dient sondern hat noch andere, für das Zusammenleben der Elternpaare äußerst wichtige Funktionen hat, gibt es keine zeitlichen Beschränkungen. Er ist unabhängig vom Eisprung jederzeit fähig, den Beischlaf zu vollziehen.

*Äußere Kennzeichen für die Empfängnisbereitschaft* sind bei Primaten u. a. das Anschwellen der Genitalien. Wir Menschen sind da wesentlich diskreter.

*Während der Schwangerschaft* ist das Weibchen der Primaten nicht paarungswillig, eine Menschenfrau kann, soweit in der Endphase der Schwangerschaft keine physischen Gründe dagegen sprechen, beliebig in die Paarung einwilligen.

Die *Weibliche Brust* der Primaten dient nur während der Stillphase der Milchproduktion und -abgabe, sie enthält kaum Fettgewebe. Ganz anders beim homo sapiens: Neben der Milcherzeugung hat die Brust noch eine erotische Funktion. Das Fettgewebe gibt der Brust in den ersten ca. vier Jahrzehnten nach Beginn der Pubertät eine ansprechende Form mit starker Signalwirkung auf die Männer. Das für die Milcherzeugung erforderliche Gewebe macht meist nur 25% des Volumens aus

Die Sexualität hat beim Menschen also zwei Funktionen: Neben der eigentlichen Fortpflanzung ist es vor allem die zur Aufzucht des Nachwuchses erforderliche mindestens ca. zwölfjährige Bindung der beiden Elternteile. Was nicht ausschließt, dass die Paare auch ein ganzes gemeinsames Leben zusammenbleiben.

Die langjährige Bindung erfordert eine umfassende Prüfung der Partner, ob man in der Lage ist, eine solche lange Zeit im Idealfall monogam zu leben. Man „beschnuppert" sich also ausgiebig, stellt fest, ob man sich „riechen kann" oder nicht. Dazu brauchen die jungen Leute eine zwanglose Gelegenheit, sich zu näher zu kommen, gleichzeitig findet eine Loslösung von den bisherigen gleichgeschlechtlichen Freundschaftsbeziehungen statt. Noch vor dem ersten Geschlechtsakt laufen zahlreiche komplexe Interaktionen ab, die jederzeit einen Abbruch der „Prüfphase" möglich machen. Und der Geschlechtsakt findet nur dann statt, wenn man sich weitgehend sicher ist, den richtigen Partner gefunden zu haben. Unser eingangs geschildertes kleines Ritual ist nichts anders als der uralte Prozess der Loslösung von den alten Bekanntschaften und dem Finden des Partners, den man mindestens für die Dauer der Aufzucht des Nachwuchses behalten möchte. Schließlich schafft die Verliebtheit – deren biochemische Wirkungen erforscht sind – den mentalen Zustand, der die Trennung vom Alten und die Hinwendung zum Neuen erleichtert. Die rosarote Brille, durch die der Partner idealisiert erscheint, gehört auch dazu. Die Evolution hat mit ihren knallharten Überlebens- und Fortpflanzungsregeln jene Paare bevorzugt, die diese Prozesse optimal gestalten konnten.

Die bei manchen Völkern praktizierte Zwangsverheiratung ist also ein eindeutiger Verstoß gegen die Regeln der

Evolution: Die Kraft der Liebe wird umgangen, die Partnersuche nach Sympathie und passender „Chemie" findet nicht statt. Auch Prüderie und die sognannte Sittenstrenge sind eher hinderlich, den geeigneten Partner zu finden. Aber wer glaubt, dass die Zwangsheirat nur in muslimischen Kulturen praktiziert wurde (und wird), dem sei gesagt, dass die später heilig gesprochene ungarische Königstochter Elisabeth (1207 – 1231) im 4. Lebensjahr mit dem Landgraf Ludwig IV verlobt und in dessen Familie aufgezogen wurde[18] [19] - nur ein Beispiel unter vielen.

### Die Evolution fördert keine staatsfesten Individuen

In den hunderttausenden von Jahren unserer Entwicklung haben wir die meiste Zeit in Gruppen von 50 bis 80 Individuen zusammen gelebt. Das ist so die Dorfgröße, innerhalb der die uns zur Verfügung stehenden Werkzeuge zum Zusammenleben funktionieren. Bei größeren Gebilden wie Städte oder Staaten müssen wir tricksen: Man bildet Hierarchien, innerhalb derer dann als organisatorische Einheiten wieder kleinere, für uns überschaubare Gruppen entstehen. Beobachtet man einmal mittelständische Unternehmen, die vom 20-köpfigen Handwerksbetrieb so allmählich in die 200er-Klasse hineinwachsen, dann erkennt man, dass viele die Grenze von 80 bis 120 Mitarbeitern nicht überleben: Der Chef hat nicht gemerkt, dass er die Dorfgrenze verlassen hat und mehr Grips in die für sein Geschäft geeignete Unternehmensstruktur hätte stecken müssen.

Wie man nun eine lose oder auch feste Gruppierung mehrerer Dörfer bildet, darüber haben wir Menschen uns immer gerne gezankt und bekriegt. Fast alles, was man da für die Ewigkeit zementieren wollte, ist schneller als gewünscht zerbröckelt und musste durch etwas anderes ersetzt werden. Anders als bei den Ameisen und Bienen hat es bei den Menschen keinen Selektionsdruck auf ein „staatsfestes" Individuum hin gegeben. Dazu kommt, dass die wirklich weisen Führer diese Fähigkeiten meist erst in einem Alter zeigen, in dem sie kaum mehr aktiv an der Fortpflanzung teilnehmen.

Wir können nur vermuten, welche Charaktereigenschaften ein „staatsfester" Mensch haben sollte: Gemeinsinn, Fairness, Ehrlichkeit, um nur einige zu nennen. Das aber sind Eigenschaften, die für im Existenzkampf lebende Menschen eher hinderlich sind. Also konnte bisher keine Selektion in Richtung „staatsfest" stattfinden.

### Die Beweislage: Evolution

Ein Problem der Beweisführung zur Evolution ist das Fehlen einzelner Individuen in einer Übergangskette z. B. vom Vorgänger des Menschen zum Menschen selber. Das liegt vor allem daran, dass diese biologischen Gebilde von der Erdoberfläche spur- und restlos verschwunden sind. Die meisten der Fossilienfundstätten halten nur Abdrücke von Knochen der vor Jahrmillionen gestorbenen Lebewesen bereit. Bisher ist nur eine Fundstätte bekannt, in welcher die chemischen Voraussetzungen für den Erhalt von Weichteilabdrücken vorlagen und die einen ungewöhnlich detailreichen Einblick in die Welt des Mittleren Kambriums (vor ungefähr 500 Millionen Jahren) gibt: Burgess Shale in den kanadischen Rocky Mountains [20] [21]. Alle hier gefundenen Spuren und gewonnenen Erkenntnisse bestätigen die Lehre von der Evolution.

Was dagegen einwandfrei funktioniert ist die Analyse des Erbguts. Selbst von über 500 Millionen Jahre alten

Fossilien kennt man den „genetischen Fingerabdruck" und
kann dadurch Entwicklungslinien bis in unsere Zeit verfol-
gen[22]. Unsere ganze Systematik der Biologie mit ihrer
Darstellung der Verwandtschaftsbeziehungen der Pflanzen,
Tiere und Menschen ist ein einziger großer Beweis für die
Richtigkeit der Evolutionstheorie.

Es gibt zahlreiche eher verzweifelt wirkende Einzelkriti-
ken an der Evolutionstheorie durch die Kreationisten, z. B.
diese: „Beim Übergang von einer Tierart zu einer nächst
verwandten ändern sich so viele Merkmale, dass nur ein
schöpfender Gott zielstrebig diese neue Art erschaffen
konnte." Ein schönes Beispiel hierzu ist die Evolution vom
Saurier zum Vogel: Der Unterschied sind u. a. Federn und
Flügel. Beides ist jedoch nicht in *einem* quasi revolutionären
Entwicklungssprung entstanden, sondern durch einen lang
andauernden Prozess. Zunächst bildeten sich einfache Federn, die eine effektivere Wärmespeicherung im
darunterliegenden Fettgewebe durch eine bessere
Wärmeisolation ermöglichten. Unterschiedliche Ausgestal-
tungen verbesserten diese Wärmeisolation und die besser
isolierten Lebewesen waren gesünder oder stärker und
somit besser an die Lebensbedingungen angepasst. Aus den
befederten vorderen Gliedmaßen bildeten sich zunächst
Flügelstummel, mit denen ein Fliegen noch nicht möglich
war. Im Laufe der Entwicklung entstanden dann erst die
flugfähigen Tiere. Wenn jetzt jemand vermutet, dass der
(flugunfähige) Pinguin wohl aus einer der Linien mit
Flügelstummeln hervorgegangen ist, dann irrt er: Der
Pinguin ist aus einem flugfähigen Tier durch *Rückbildung*
der Flügel entstanden, weil diese Art im Wasser ausrei-
chend Nahrung fand und ein Flügel bei der Unterwasser-

jagd eher hinderlich war. So veränderte sich der Flügel zu einer Art Flosse, welche die Bewegung unter Wasser besser unterstützt.

## Die Beweislage: Kreationisten

Und was beweisen uns die Kreationisten? Nichts, denn die Bibelkonformität einer Behauptung ist noch nicht einmal ein Indiz, geschweige denn ein Beweis. Aus Glauben wird auch durch unendliche Wiederholung von Behauptungen kein Wissen. Die in der Augenscheinzeit gewonnen Erkenntnisse mögen in ihrer Entstehungszeit mangels Alternativen akzeptabel gewesen sein, heute, im Zeitalter der Molekularbiologie und Genetik, taugen sie nicht einmal mehr als Denkhilfe.

### Zum Schluss ein schönes Zitat[23]

„Keine wissenschaftliche Theorie baut auf so einfachen und einsichtigen Annahmen auf wie Darwins Evolutionstheorie und ist doch so universal und tiefgreifend in ihrer Aussagekraft. Darwins Evolutionstheorie ist in diesem Sinne die schönste Theorie, welche je ein einzelner Naturwissenschaftler hervorgebracht hat. Es gibt kaum einen modernen Artikel zur Biologie, der nicht direkt oder indirekt mit der Evolutionstheorie zusammenhängt. Die Evolutionstheorie beeinflusst neben der Biologie die Medizin, die Chemie, Philosophie, Soziologie, Psychologie und sogar die Computerwissenschaften."

### Mit Verlaub: Eine kleine Parodie

Wer beim Anblick eines wunderschönen Blauen Pfaus behauptet, dass dies ein Produkt der Evolution sei, erntet meist die Antwort: „So etwas Schönes und in den Farben Harmonisches kann nicht durch Zufall entstehen, da muss ein göttlicher Gestalter seine Finger im Spiel gehabt haben!"

Stellen wir uns doch den „göttlichen Gestalter" einmal bei seiner Arbeit vor, hier dem Eschaffen des Blauen Pfaus: Ist er ein eher systematischer Typ, dann nimmt er aus seinem (göttlichen) „Zauberkasten" zunächst einmal das Gerippe, die Knochen. Zur Arbeitserleichterung verwendet er Teile vom bereits existierenden Fasan und verlängert und verkürzt das eine oder andere Stück. Den Verdauungsapparat kann er zunächst auch vom Fasan übernehmen, überlegt sich aber noch Maßnahmen, die diesen Pfau für bestimmte Futterarten und Lebensräume optimiert. Natürlich hat er bei den anderen biologischen Systemen auch noch etwas abgekupfert: Nerven, Kreislauf und die meisten Muskeln und Sehnen kann er auch vom Fasan übernehmen. Dann setzt er gewissermaßen als Krone seiner Schöpfung das bunte Gefieder auf. Hier lässt er seiner Phantasie freien Lauf, diesmal soll es aber bunter und prächtiger als bei den anderen Vögeln werden. Mit unbändiger Gestaltungsfreude wählt er die einzelnen Federarten, -formen und -farben aus und überlegt sich gleichzeitig, was die beiden Geschlechter dieser neuen Art gegenseitig wohl attraktiv finden würden.

Ist er eher ein spontaner Ganzheitstyp, dann schließt er seine göttlichen Augen und stellt sich das Geschöpf „Blauer Pfau" in allen Details vor (von der Feder bis zur Kloake) und wenn er fertig ist, dann denkt er einfach „So sei es!" und das Pfauenpärchen ist fertig.

Dann setzt er die Pfauenpärchen in den verschiedensten Winkeln der Erde aus und überlässt sie ihrem Schicksal. Aber, was ist denn das? Da passt doch ein Pärchen auf einer einsamen Insel nicht so recht in diese neue Umgebung! Also was tut er? Er nimmt sich eines der Pfauenpärchen und baut es geringfügig um: Einen etwas längeren Darm für das andere Futter, ein etwas anderes Riechsystem für die veränderte Nahrungssuche, die zur Balz erforderlichen Federn erhalten wegen der nun starken Windböen eine andere Form - und fertig ist die Pfauenvariation X1. So nach und nach entstehen weitere Variationen X2, X3. Unser Schöpfer ist also mit steigender Anzahl von Geschöpfen ununterbrochen mit der Optimierung der Variationen beschäftigt.

Spätestens jetzt trifft er eine folgenschwere Entscheidung: Da er ja irgendwann auch die Menschen erschaffen möchte, fragt er sich, ob er für die Anpassung der Arten nicht einen ihn entlastenden Mechanismus erfinden soll: Eine automatische Anpassung durch Modifikation und Bewährung, bei der er gar nicht mehr eingreifen muss.

Und so hat der Schöpfer dann doch noch die Evolution erfunden.

## Hinweise und Quellen

[1] In der deutschen Übersetzung steht hier das mehrdeutige Wort „Entität"; ich finde, dass das englische *entity* mit *Wesen* besser übersetzt ist.

[2] Gould, Stephen Jay: Zufall Mensch. Hanser ISBN 3-446-15951-7, S. 361

[3] http://www.biologie-schule.de/evolutionstheorie-lamarck.php. Stand August 2013

[4] Wikipedia Stw.: „Epigenetik", Stand August 2013

[5] http://homepage.hispeed.ch/philipp.wehrli/Evolution/ Darwins_Evolutionstheorie/darwins_evolutionstheorie.html

[6] http://www.biologie-schule.de/evolutionstheorie-darwin.php; Stand August 2013

[7] u. a. Zillmer, Hans-Joachim: Darwins Irrtum. Langen Müller 1998

[8] http://www.glauben-und-wissen.de/M9.htm. Stand August 2013

[9] Foley, Robert: Menschen vor Homo Sapiens. ISBN 3-7995-9084-6

[10] Beitrag „Gott, die evangelische Kirche und die Dinosaurier" vom 19.08.2013, Autor Mathias Kamann

[11] Majer, D. Johann Christian: Über die beiden höchsten Würden des heiligen römischen Reiches ..., by Carl Ernst Bohn, Hamburg und Kiel 1798, Seite 4

[12] Bergsträßer Anzeiger vom 18. 02 2014 „Evolutionstheorie: 90 % der US-Amerikaner zweifeln - Bibel statt Darwin. Zitiert wurde aus einer Studie der Rice Universität, Houston, berichtet beim Jahrestreffen des AAAS Wissenschaftsverbands in Chicago.

[13] Mayr, Ernst: Das ist Evolution. Bertelsmann-Verlag 2003; hier zahlreiche weitere Quellen

[14] Calvin, William H.: Der Strom, der bergauf fließt. Eine Reise durch die Evolution. Hanser Verlag 1994

[15] Gould, Stephen J.: Zufall Mensch. Hanser ISBN 3-446-15951-7

[16] Morris, Desmond: Das Tier Mensch. vgs 1994

[17] Morris, Desmond: Das Tier Mensch. vgs 1994, Abschnitt „Die Biologie der Liebe"

[18] Faltblatt „Die Elisabethkirche in Marburg/Lahn"

[19] Wikipedia Stw: Elisabeth von Thüringen, Stand September 2013

[20] Gould, Stephen Jay: Zufall Mensch. Hanser ISBN 3-446-15951-7

[21] wikipedia Stw. Burgess-Schiefer, Stand Frühjahr 2014

[22] www.n-tv.de - Wissen vom 18.09.2013: Plötzlicher Evolutionssprung - Rätsel der kambrischen Explosion gelöst

[23] http://homepage.hispeed.ch/philipp.wehrli/Evolution/Darwins_Evolutionstheorie/darwins_evolutionstheorie.html. Abschnitt „Darwin oder Lamarck?" Stand September 2013

# 3. Frauen und Religion

„Die Frau ist immer die beste Freundin der
Religion gewesen, aber die Religion keineswegs
immer die beste Freundin der Frau!"
MORITZ WINTERLITZ, Indologe

## These

Frauen sind schon immer gleichberechtigt und
gleichwertig mit den Männern gewesen, die Diskriminierung der Frauen hat ihre Ursache ausschließlich in den von
Männern erfundenen Religionen.

## Denkanstöße zur These

### Eine schlimme Geschichte

*Hypatia, Du wirktest als große Mathematikerin, Astrono-
min und Philosophin in Alexandria und warst als
Nachfolgerin von Plotin und seinem Schüler Porphyrius das
Oberhaupt der neuplatonischen Philosophenschule Deiner
Zeit. Wenn auch Dein Werk heute als verschollen gilt, so
finden sich in den Werken Deiner Zeitgenossen zahlreiche
Hinweise auf Dein Wirken und Du genossest über die Grenzen Deiner Stadt Alexandria hinaus ein hohes Ansehen[1].
Aber Alexandria war inzwischen eine überwiegend christliche Stadt geworden und Du warst für die Christen eine Hei-
din, schlimmer noch: Du warst eine intelligente, selbstbe-
wusste Frau. Die Kirchenoberen beobachteten Dein Tun mit
Argwohn, schließlich hatte ja Paulus in 1 Kor 14,34 gefordert, dass das Weib in der Gemeinde zu schweigen und sich*

*unterzuordnen habe. Schlimm genug, dass Du als Frau laut und deutlich Deine Stimme erhobst, auch das, was Du sagtest, war für die Kirche reine Ketzerei. Lehrtest Du doch über Kosmos und Erde ganz andere Weisheiten, als es den kirchlichen Oberen Recht war. Das allerschlimmste aber war, dass Du die Gleichstellung von Mann und Frau anmahntest.*

*Im Jahre 415 kam es dann zur Katastrophe: Ein von einem römisch-katholischen Prediger namens Petros aufgehetzter Christenmob überfiel Dich auf offener Straße, schleppte Dich in eine Kirche, zog Dich nackt aus, bewarf Dich mit Steinen und schnitt Deinen schönen Leib mit Glasscherben in Stücke. Deine Reste wurden unter dem johlenden Beifall deiner Peiniger verbrannt.*

*Der Patriarch Kyrill von Alexandria hatte das Massaker angeordnet, er also war Dein eigentlicher Mörder. Man nimmt wütend zur Kenntnis, dass die römisch-katholischen Kirche (Papst Leo XIII) ihn im 19. Jahrhundert auch noch heilig gesprochen hat.*

*Das ist alles sehr traurig, aber ein kleiner Trost für Dich bleibt: Zahlreiche Künstler, Schriftsteller und Musiker haben sich Deiner und Deinem Schicksal angenommen und Dich in ihren Werken unsterblich gemacht.*

Das tragische Schicksal der Hypatia habe ich zur Einstimmung an den Anfang dieses Themas gesetzt, weil wir hier die biblische Frauenfeindlichkeit, den kirchlichen Hang zu Denkverboten und die emotionale Manipulierbarkeit der Massen durch religiöse Führer eng kombiniert wiederfinden.

Wie bereits gewohnt, werden wir zunächst einmal herausragende Fakten zum Thema einsammeln und zum

Schluss dann aus den gewonnenen Erkenntnissen einige Thesen formulieren. „Frauen und Religion" ist in der gedruckten Literatur und auch im Internet so üppig vertreten, dass ich mich hier darauf beschränken kann, eine gewisse Neugier zu wecken. Wen es also „gepackt" hat, dem wünsche ich von Herzen viele nachhaltige An- und Aufregungen. Beginnen wir unsere kleine Sammlung mit den Anfängen der „Augenscheinzeit", in der die Bibel verfasst wurde.

### Das Buch Genesis

Die Bibel sagt es uns im Buch Genesis 2,18: „Es ist nicht gut, wenn der Mensch (= Mann!) allein ist. Ich will ihm einen Gefährten geben, der zu ihm passt .... 2,21: Da versetzte Gott, der Herr, den Menschen in einen tiefen Schlaf, nahm eine seiner Rippen heraus und füllte die Stelle mit Fleisch. Aus der Rippe machte er eine Frau ..."

Hier ist zunächst einmal scheinbar das Reihenfolgeproblem gelöst: *Er* war zuerst da! Die Formulierung der Genesis bedeutet allerdings auch noch folgendes: Während Adam von Gott nach seinem Ebenbilde geschaffen wurde, kommt Eva nur über den Umweg von Adams Rippe auf diese Welt, ist also *nicht* Gottes Ebenbild! Das hat weitreichende Folgen für die Stellung der Frau in der Gesellschaft. Jemand, der aus der Rippe eines anderen gefertigt worden ist, kann nicht gottähnlich sein und das haben die Frauen in den nachfolgenden Jahrtausenden auch schmerzhaft zu spüren bekommen. Die Männer nutzten ihre größere Kraft und vor allem die während der Schwangerschaft und Kinderaufzucht erheblich eingeschränkte Mobilität der Frau gnadenlos zu ihrem Vorteil aus.

## MANN analysiert FRAU

Was wusste MANN in der Augenscheinzeit über FRAU, wenn er sich ohne tiefsinniges Grübeln das andere Geschlecht ansah:

- Für die Beschaffung lebenswichtiger Proteine (Jagd) ist FRAU fast ungeeignet, da oft schwanger und meist mit der Aufzucht des Nachwuchses beschäftigt

- Beerensammeln (Spurenelemente, Vitamine – aber davon ahnte MANN noch nichts) passte sehr gut zu FRAU. Unter anderem deswegen, weil FRAU während des Beerensammelns den Nachwuchs gut im Auge behalten konnte

- Beim Zeugungsakt verschwand der Samen des Mannes irgendwo im Leib der Frau und nach ungefähr neun Monaten kam dann ein Kind heraus: Also war sie eine Art Brutkammer für *seinen* Samen. Ist es über die Jahrtausende nicht aufgefallen, dass auch die männlichen Kinder fast immer eine Ähnlichkeit mit der „Brutkammer" hatten?

- Zum Kämpfen war FRAU auch meist ungeeignet: Nicht stark und brutal genug

- Und dann noch dieses seltsame Gefühl, dass MANN beschlich, wenn er eine bestimmte FRAU zum ersten mal sah: Da wurde er plötzlich zärtlich (= unmännlich) und sehnte sich nach ihrem Leib

- Schlimmer noch: Auch wenn er im Moment etwas anderes im Sinn hatte, konnte sie sich ihm verführend nähern und er spürte, dass sie ihm in diesem

Moment seiner Schwäche irgendwie überlegen war. Hatte sie diese Kraft gar vom Teufel? Diese Vermutung wird uns später noch beschäftigen: Ging es bei den Hexenprozessen des ausgehenden Mittelaltes doch genau darum, den Grad an teuflischer Besessenheit der vorzugsweise weiblichen Betroffenen festzustellen.

Sicher waren die chronisch mit Existenzängsten geplagten Hirten Opportunisten und keine Schöngeister. Um es in unserer heutigen Begriffswelt zu benennen: Mit der vorstehenden Liste – die sicher noch zu erweitern wäre – hatte man die „technischen Daten" von FRAU, was noch fehlte war eine „Bedienungsanweisung". Bei diesem Thema sind fast alle Religionsschöpfer hellhörig geworden und haben mehr oder weniger üppige Vorschriften gleich in ihre religiösen Werke aufgenommen. Damit FRAU gar nicht erst auf die Idee kommt, die für sie meist unvorteilhaften Bestimmungen anzuzweifeln, wurden sie als göttlicher Wille deklariert und brutal durchgesetzt. Selbstverständlich war ja Gott auch so eine Art Über*mann*. Alles in allem dienten die Vorschriften neben der Beherrschung der Frau auch der Bequemlichkeit von MANN, denn der hatte irgendwann entdeckt, dass man für lästige und unangenehme Arbeiten zwar auch eroberte Sklaven einsetzen konnte, aber es war einfacher, gleich den ohnehin von ihnen abhängigen Frauen den Sklavenstatus zu geben. Wäre bei der Abfassung der Gesetze und Verhaltensvorschriften auch nur ein kleiner göttlicher Funke beteiligt gewesen, hätte da sicher etwas von gleichwertig, gleichberechtigt und auch gleichpflichtig gestanden. So stellt das Schicksal der Frauen einen weiteren Beweis dafür dar, dass es sich bei der Bibel um ein Menschenwerk, genauer: um ein Männerwerk handelt.

Halten wir fest: Frühkindliche Prägung, Sozialisation und notfalls Gewalt sind die Waffen, mit denen FRAU kleingehalten und diszipliniert wurde und wird.

### 200 Vorhäute und ein Liebesepos

Das Alte Testament ist gespickt mit grausamen Geschichten, hier eine kleine Kostprobe: Ohne Schwert, nur mit Schleuder und Stein hatte der halbwüchsige Hirtenjunge David den Philister Goliath zur Strecke gebracht (1 Samuel 17,41 ff.). Das beeindruckte dann auch Sauls Tochter Michal so, dass David bei Saul um deren Hand anhielt. Nun mochte Saul den David nicht und forderte statt eines Brautgelds von David den Sieg über 100 Philister. Insgeheim aber hoffte Saul, dass David bei dieser Aktion umkommen würde. Als Nachweis seines Erfolges wünschte Saul die Vorhäute der Besiegten zu sehen (1 Samuel 18,24 ff). David war von der Aussicht, Michal zu bekommen, wohl so begeistert, dass er mit seinen Männern sogar 200 Philister massakrierte und deren abgeschnittene Vorhäute dem Saul fein säuberlich vorzählte. So kam es dann auch zu der für Saul eher unangenehmen Hochzeit.

Ich weiß bis heute noch nicht, was man uns mit dieser Horrorgeschichte sagen will.

Blättert man im Alten Testament weiter, dann kommt man an eine Stelle, die sich deutlich von den anderen kleinen und großen Grausamkeiten und Belehrungen abhebt:

> ER
> „... Deine Füße sind zierlich
> in den Schuhen, Fürstin!

Und das Rund deiner Hüften
ist das Werk eins Künstlers!
Einer Schale, der niemals
edler Wein fehlen möge,
gleicht Dein Schoß, süßes Mädchen!
Wie ein Hügel von Weizen
ist dein Leib, rund und golden
und von Lilien umstanden.
Deine Brüste sind herzig
wie zwei junge Gazellen. ...
ER
... Du bist schön wie keine andre,
dich zu lieben macht mich glücklich!
Schlank wie eine Dattelpalme
ist dein Wuchs, und deine Brüste
gleichen ihren vollen Rispen.
Auf die Palme will ich steigen,
ihre süßen Früchte pflücken,
will mich freun an deinen Brüsten,
welche reifen Trauben gleichen.
Deinen Atem will ich trinken,
der wie frische Äpfel duftet,
mich an deinem Mund berauschen,
denn er schmeckt wie edler Wein..."
SIE
Ich wünschte mir, dass du mein Bruder
wärst

Lesen wir richtig? Das ist Liebeslyrik vom Feinsten und
hätte auch den französischen Blasonniers des 15. Jahrhunderts zur Ehre gereicht[2].

Das Gedicht ist tatsächlich der Bibel entnommen: Hoheslied 7,1 bis 7,10 und 8,1. Es lohnt sich, dieses im Schulunter-
richt eher selten verwendetes Buch vollständig zu lesen. Als
Urheber wird kein geringerer als König Salomon genannt,
obwohl die Urheberschaft wissenschaftlich nicht belegt ist[3].
Den Dichter Heinrich Heine hat das Hohelied zu einem
kongenialen Lobgesang inspiriert[4].

Was macht nun die Kirche mit einem solchen Text, der ja
eigentlich ein durchaus angenehmes Frauenbild vermittelt?
Schafft sie vielleicht einen wohlwollenden Blick auf die
körperliche Liebe zweier Menschen? Weit gefehlt!

Mit einer gewaltigen theologischen Verrenkung transformiert man die Gestalten aus dem Hohelied ins Mystische:
Bei dem Bräutigam handele es sich um Jesus Christus
persönlich und bei der Braut entweder um die Kirche[5] oder
um die Jungfrau Maria[6]. Bei dem verschrobenen Verhältnis
der Kirche auch zu den natürlichsten Formen der Erotik
blieb der Kirche nichts anderes übrig, als den Sinn eines
solch herrlichen Textes grausam zu entstellen.

### Wer war zuerst da?

Für einen Anhänger einer abrahamitischen Religion
wäre dies eine seltsame Frage: Natürlich der Mann! In der
Augenscheinzeit wusste man eben noch nichts von der
Evolution und dem Sinn der geschlechtlichen Vermehrung,
bei der ein weiblicher und ein männlicher Partner beteiligt
sind. Die vermutlich entwicklungsgeschichtlich ältere unge-
schlechtliche Vermehrung [7] durch Zellteilung oder
Knospung hat den entscheidenden Nachteil, dass die
Nachfahren über den gleichen Genom wie die Vorfahren
verfügen und durch diese starre Festlegung der
Veranlagungen kaum eine Anpassung an sich ändernde

Lebensbedingungen stattfinden kann. Hat sich in einer Fortpflanzungslinie einmal ein Fehler eingeschlichen, so wird dieser solange weitervererbt, bis die betroffenen Lebewesen keinen weiteren Nachwuchs mehr haben können, also aussterben.

Bei der geschlechtlichen Vermehrung treffen zwei unterschiedliche Genome aufeinander und es entsteht ein neues Wesen mit anderen Eigenschaften, die entweder besser oder schlechter an die Lebensbedingungen angepasst sind. Die Auswahl geschieht dann gemäß den Gesetzen der Evolution: Das am besten angepasste Individuum gewinnt im Rennen um die Fortpflanzung. Entstanden ist diese Form der Fortpflanzung wahrscheinlich im Erdaltertum. Seitdem gibt es sie bei den meisten Tieren und zahlreichen Pflanzen.

Doch nun zu unserer Ausgangsfrage: Wer war zuerst da? Männliche und weibliche Wesen sind aus einer gemeinsamen Wurzel irgendwann im Paläozoikum (Kambrium und Perm, Zeitraum ca. 540 bis 250 Millionen Jahre vor unserer Zeit) entstanden und eine Reihen- oder Wertfolge ist nicht zu erkennen. Sicher hat das „Urweibchen" eine größere Ähnlichkeit mit den geschlechtslosen Tieren gehabt, weil es über die zur Fortpflanzung erforderlichen Organe verfügte. Das „Urmännchen" war ja nur der Samenlieferant.

Wir wissen heute, dass der Embryo in seinen ersten Wochen noch geschlechtsneutral ist und erst beim Übergang zum Fötus (etwa zur 9. Schwangerschaftswoche) eine Geschlechtsbestimmung erfolgt.

Aus biologischer Sicht ist also die Frage der Reihenfolge geklärt und auch gar nicht so wichtig. Für Theologen ist sie von einer schrecklichen Tragweite, weil sie etwas über die scheinbare Wertordnung der beiden Geschlechter aussagt.

### Die Frau in den Paulusbriefen

Paulus muss ein rechter Frauenhasser gewesen sein. Schauen wir uns dazu den 1. Brief an Timotheus an, wir finden:

> 2,11 Eine Frau soll still zuhören und sich unterordnen
>
> 2,12 Ich lasse nicht zu, dass sie vor der Gemeinde sprechen oder sich über die Männer erheben. Sie sollen sich ruhig und still verhalten
>
> 2,13 Zuerst wurde Adam geschaffen, dann erst Eva
>
> 2,14 Es war auch nicht Adam, der vom Verführer getäuscht wurde; die Frau ließ sich täuschen und übertrat das Gebot Gottes
>
> 2,15 Eine Frau soll Kinder zur Welt bringen, dann wird sie gerettet. Sie muss aber auch an Glauben und Liebe festhalten und in aller Besonnenheit ein Leben führen, wie es Gott gefällt.

Ähnlich geht es in Epheser 5,22 und 1 Korinther 14,34 weiter. Da haben wir das passende Instrumentarium zur Beherrschung der Frauen: Sie hat zu schweigen (also inaktiv zu sein), weil angeblich Adam zuerst von Gott geschaffen wurde. Die Geschichte von Eva und Adams Rippe kennen wir ja. Eva wurde von der Schlange verführt und Adam anschließend von der Eva: Die böse, hinterlistige Eva übertölpelt den arglos-naiven Adam, der von nichts eine Ahnung hatte. Um das Maß voll zu machen, stellen manche Künstler die Schlange auch noch mit einem Frauenkopf[8] dar, also Frau verführt Frau - sind sie vielleicht sogar Kumpaninnen?

Eva und alle ihre Milliarden „Nachweiber" können nun ihre Erbschuld abarbeiten, indem sie unter Schmerzen Kinder bekommen und diesen Kleinen mit Nachdruck den Glauben ihrer Väter aufprägen. Notfalls gegen deren Willen, ist doch andernfalls das eigene Seelenheil gefährdet. Amen!

## Frauen im Hochmittelalter aus der Sicht der Kirche

Gehen wir in unserer kleinen Bestandsaufnahme ins Hochmittelalter. Hier verfügte die Kirche wahrscheinlich über ihre größte Machtentfaltung oder ehrlicher: ihren größten Machtmissbrauch. Dass in der Apostelgeschichte auch einige für Frauen günstige Stellen zu finden sind darf nicht darüber hinwegtäuschen, dass alle drei abrahamitischen Religionen ein sehr „augenscheinliches" Frauenbild haben. Jesus von Nazareth lehrte ein eher positives Frauenbild, aber Paulus hat wohl unter dem griechischen Einfluss den Grundstein für das gelegt, was dann die angeblich großen Denker des Mittelalters an beschämenden Parolen zum Thema Frauen entwickelten.

Berufe in unserem heutigen Sinne gab es für Frauen nicht. Verheiratete Frauen waren fast ausschließlich Hausfrau. Handwerks- und akademische Berufe waren ihnen verschlossen. Hebammen gab es und Frauen in geistlichen Berufen: Nonnen bis hinauf zur Äbtissin. Hier wäre noch viel zu berichten, interessanter jedoch für das Frauenbild sind die offiziellen und inoffiziellen Äußerungen aus dem Klerus.

Zitieren wir zunächst keinen geringeren als Thomas von Aquin[9] [10] (ca. 1225 bis 1274), Kirchenlehrer und Patron der katholischen Hochschulen (!):

- „Ein männlicher Fötus wird nach 40 Tagen, ein weiblicher nach 80 Tagen ein Mensch."

- „Mädchen entstehen durch schadhaften Samen oder feuchte Winde."

- „Das Weib verhält sich zum Mann wie das Unvollkommene und Defekte zum Vollkommenen."

- „Die Frau ist ein Missgriff der Natur ... mit ihrem Feuchtigkeits-Überschuss und ihrer Untertemperatur körperlich und geistig minderwertiger ... eine Art verstümmelter, verfehlter, misslungener Mann ... die volle Verwirklichung der menschlichen Art ist nur der Mann."[11]

- „Der wesentliche Wert der Frau liegt in ihrer Gebärfähigkeit und in ihrem hauswirtschaftlichen Nutzen (!)"

Da wird einem beim Lesen übel. Es gibt noch weitere Beispiele weiterer dramatischer Entgleisungen, zu denen christliche Gottesmänner sich haben hinreißen lassen. Zum Schluss noch ein Zitat eines Papstes (Pius II. 1405-1464) :

- "Wenn du eine Frau siehst, denke, es sei der Teufel! Sie ist eine Art Hölle!"

Man muss sich das einmal auf der Zunge zergehen lassen: So etwas sagt der Oberhirte aller Christen über die Hälfte seiner Schäfchen! Im Internet finden sich weitere beeindruckende Sammlungen christlicher Frauenfeindlichkeiten[12] [13].

Noch einmal zu unserer Hypatia:

*Welsch grauenvoller Rückschritt im Vergleich zu Deinen philosophischen Lehren, Hypatia. Etwas vor Deiner Zeit forderte bereits der Neuplatoniker Theodoros von Asine[14] (ca. 275 bis ca. 360 n. Chr.) die weitgehende Gleichstellung von Männern und Frauen im Staat und untermauerte seine Geschlechtertheorie auch mit völkerkundlichen und physiologischen Argumenten. Für ihn waren die herkömmlichen Rollenbilder nicht naturgegeben, sondern kulturell bedingt und daher philosophisch irrelevant.*

Das Märchen von der Himmelfahrt Mariens zeigt die perfide Grundhaltung der Kirche. Zuerst erfindet man ein völlig unglaubwürdiges Scheinfaktum wie die unbefleckte Empfängnis (ein Dogma von 1854[15]) durch ein Geistwesen (Erzengel Gabriel). Damit hat Maria ihren Sohn Jesus im Zustand der Jungfräulichkeit sicherlich ohne Orgasmus empfangen. Jetzt kann man genüsslich die für den Rest der Menschheit erforderliche Methode der Replikation in die Schweinkramecke stellen und Wollust als Teufelswerk verdammen. Die bedingungslose Keuschheit wird als Idealzustand dargestellt, zumindest für die weiblichen Erdenbewohner. Durch die Unterdrückung des stärksten aller menschlichen Triebe, dem Fortpflanzungstrieb, kann man die Herde der Schäfchen einfacher unter Druck setzen und ihnen neben einem chronisch schlechten Gewissen auch noch die unbedingte Abhängigkeit von den aus diesem Schlamassel rettenden Lehren der Kirche einreden. Bravo! Heute nennt man das *geschickt zielführendes Marketing*.

Übrigens: Zur rechtzeitigen Spurenvernichtung hat man dann das Wunderkind Maria per Himmelfahrtsdogma (1950[16]) von der Erde entfernt. Man verklärt Maria zu einem nie erreichbaren Vorbild und kann sich dann für den Rest der weiblichen Menschheit die schlimmsten Repressalien ausdenken.

## Hexenverfolgung

Zunächst noch einmal unsere Hypatia:

*Als Philosophin wusstest Du, hochverehrte Hypatia, dass bereits in Deiner Zeit in allen großen Weltreligionen die Frauen diskriminiert wurden. Daran, und das müsste Dich traurig stimmen, hat sich bis in unsere Zeit wenig geändert. Und die seit Deinem Tod vergangenen sechzehnhundert Jahre sind angefüllt mit widerlichen Exzessen gegen die Frauen. Die von der Inquisition der Kirche angezettelte Hexenverfolgung forderte mindestens 50.000 Menschenleben, davon ca. 80% Frauen[17].*

*Es war nicht alleine die römisch-katholisch Kirche, die dieses Treiben förderte, auch die Reformatoren im 16. Jahrhundert waren nicht frei von skandalösen Irrtümern. So predigte Martin Luther im Jahre 1526:*

*„Es ist ein überaus gerechtes Gesetz, dass die Zauberinnen getötet werden, denn sie richten viel Schaden an … Sie können ein Kind verzaubern… Auch können sie geheimnisvolle Krankheiten im menschlichen Knie erzeugen, dass der Körper verzehrt wird… sie verabreichen Tränke und Beschwörungen, um Hass hervorzurufen, Liebe, Unwetter, alle Verwüstungen im Haus, auf dem Acker, über eine Entfernung von einer Meile und mehr machen sie mit ihren Zauberpfeilen Hinkende, dass niemand heilen kann … Die Zauberinnen sollen getötet werden … weil sie Diebe sind, Ehebrecher, Räuber, Mörder … auch weil sie Umgang mit dem Satan haben."*

Als ein wahrscheinlich nicht untypisches Schicksal schauen wir uns Katharina Henot[18]" an, die noch im Jahre

1627 in Köln der Hexerei verdächtigt, verurteilt und hinge-
richtet wurde.

Katharina entstammte einer angesehenen Kölner
Patrizierfamilie und wurde zwischen 1570 und 1580 geboren. Sie hatte zahlreiche Geschwister, von denen einige den
geistlichen Stand wählten. Der „Ranghöchste" war ihr ältes-
ter Bruder Hartger, Doktor beider Rechte (kanonisches und
weltliches Recht), Domkapitular, Dekan, Probst und
apostolischer Protonotar (höchste päpstliche Auszeichnung
an verdiente Diözesanpriester [19]). Katharina und Hartger
führten u. a. die Geschäfte als Postmeister. Obwohl Katharina als fromme Frau bekannt war und als Mitglied der
Oberschicht reiche Schenkungen machte, bezichtigten 1626
Gerüchte Katharina der Hexerei. Natürlich wies sie alle
Anschuldigungen energisch zurück und bei den anstehen-
den Gerichtsverhandlungen unterstützte sie Hartger nach
Kräften. Alles half nicht, Anfang 1627 wurde sie dem Gericht überstellt und zum ersten Male gefoltert. Katharina
beteuerte standhaft ihre Unschuld und legte auch bei weiteren Folterungen kein Geständnis ab.

Trotzdem verurteilte sie das erzbischöfliche Hochgericht
zum Tode, obwohl sie, nach mehrfacher Folter verkrüppelt
und schwer erkrankt, bis zuletzt ihre Unschuld beteuerte.
Im Mai 1627 wurde Katharina auf der Richtstätte Melaten
vor den Mauern Kölns vom Scharfrichter erwürgt und ihre
Leiche anschließend auf einem Scheiterhaufen verbrannt.
Für welches Delikt musste Katharina sterben? Schadenszauber mit Todesfolge in fünf Fällen, Schadenszauber
in der Natur, Verbreitung von Zank, magische Praktiken,
Rutengängerei und Unzucht mit adeligen Herren. Echte
Zeugen gab es natürlich nicht und der ganze Fall war
eindeutig ein Justizmord, da Katharina nach dreimaliger

geständnisfreier Folterung hätte frei kommen müssen. Bis 1630 kam es in Köln zu weiteren 33 Prozessen, denen mindestens 24 Frauen zum Opfer fielen.

Dieses kirchlich geprägte Rechtsystem, in dem alte Rechtsgrundsätze der Römerzeit wie „in dubio pro reo[20]" oder „audiatur et altera pars[21]" vollständig außer Kraft gesetzt waren, ermöglichte solche Schandurteile auch noch zu Beginn der Neuzeit. In einigen Gegenden Deutschlands wie hier in Köln war also die „Tausendjährige Nacht" des Mittelalters noch lange nicht beendet.

Fast immer traf es die Frauen besonders hart, denn sie waren ja nur ein „Missgriff der Natur" (s. o.), und auch die tapfersten wurden nicht verschont. Auch Männern wurde ebenfalls wegen undurchsichtiger Scheindelikte (z. B. die berüchtigten „Werwolfverwandlungen[22]") der Prozess gemacht, aber die waren wesentlich seltener.

Welchen Rückschritt bezüglich Frauenbild und Frauenrechte das christliche Mittelalter gebracht hat zeigt sich, wenn man über dreitausend Jahre in der Menschheitsgeschichte zurück in eine der ersten wirklichen Hochkulturen geht. Die Frauen im Alten Ägypten waren sicher nicht gleichberechtigt im Sinne unserer Zeit, aber sie hatten durchweg mehr Rechte als christliche Frauen im Mittelalter. Beispiele finden sich vor allem im Vertrags- und Erbrecht.

Machen wir einen gewaltigen Zeitensprung in unsere jüngste Vergangenheit. Zunächst begann das 20. Jahrhundert vielversprechend. Frauen eroberten nach und nach auch Berufe, die vorher für Männer reserviert schienen, sie erhielten Schritt für Schritt das politische Wahlrecht. Die Nazis drehten das Rad der Geschichte jedoch wieder gewaltig (und gewalttätig) zurück. Wie steht es im Brockhaus des Jahres 1937: „ ... (dass mit der) grundsätzlichen Blickrichtung auf das Volksganze die Frau in erster Linie als Mutter und Hausfrau im Dienste der Volksgemeinschaft steht... " oder „... Ziel aller weiblichen Erziehung ist die Heranbildung rassisch-körperlich-seelisch gesunder Mütter, die der Volksgemeinschaft gesunde Kinder schenken und sich in ihrem hauswirtschaftlichen Wirken zugleich volkswirtschaftlich verantwortlich fühlen." Gut, dass dieser Spuk nur zwölf Jahre andauerte, leider aber auch die eine oder andere Nachwirkung zeitigte.

Der Nationalsozialismus hat als typische Männer-organisation die Frauen brutal für seine Ziele instrumentalisiert. Hierzu ein treffendes Beispiel: 1934 trat die neue Justizausbildungsverordnung in Kraft. Frauen wurden als Anwälte nicht mehr zugelassen, weil das ein „Einbruch in den altgeheiligten Grundsatz der Männlichkeit des Staates" bedeutet[23]. Aber leider auch wahr: Manche Frauen haben sich von dieser Ideologie dazu verleiten lassen, den Männern an Abscheulichkeit kaum nachzustehen.

### Frauen zu Beginn des 21. Jahrhunderts

Schauen wir uns einmal um: Unsere Frauen im Jahr 2013 sind selbstbewusst und selbständig, Welt- und Europameister in Fußball und Boxen, fahren besser Auto als die Männer, sind hochgebildet, haben die allermeisten Männerberufe erobert und sind Ärztinnen, Juristinnen, Ingenieurinnen, Schreinerinnen, evangelische Pfarrerinnen und evangelische Bischöfin, Professorinnen und Politikerinnen. Im Einkommen hinken sie teilweise noch etwas hinterher und ihr Los als alleinerziehende Mütter ist oft nur schwer zu meistern. Immer noch beherrschen Männer zu viele

Schaltstellen der Macht, aber Schritt für Schritt kommen wir
dem Zustand der gelebten Gleichberechtigung näher.

Spätestens seit dem Ende des 2. Weltkrieges wurde vor
allem den Millionen Kriegerwitwen klar, dass hier etwas
grundsätzlich nicht stimmte. Sie kämpften durchaus erfolgreich gegen das von einer typisch männlichen Ideologie
verursachten Chaos an, klopften als Trümmerfrauen die
Mörtelreste von den Ziegelsteinen, brachten sich und ihre
Kinder irgendwie durch und halfen – politisch meist noch
machtlos – entscheidend am Wiederaufbau. „Wenn aber die
Völker an den Zerstörungen, den Verwüstungen, den Grausamkeiten und Unmenschlichkeiten innerlich nicht zerbra-
chen, wenn sie nach dem Krieg langsam wieder zu sich
selbst kamen, dann verdanken wir es zuerst unseren Frauen. [24] " Nur wenige Jahrzehnte später war die
Gleichstellung zwar gesetzlich beschlossen, hinkte die
Realität aber immer noch etwas hinterher. Nur die römisch-
katholische Kirche und auch andere konservative Kreise
leistet sich im wesentlichen immer noch ihre traditionelle
Frauenfeindlichkeit.

Die Menschen zu Beginn des 21. JH. wissen meist nicht
mehr, dass eine Frau am Steuer eines Kraftfahrzeugs im
Jahre 1947 noch so selten war, dass sich die anderen
Verkehrsteilnehmer umdrehten und Männer zahlreiche
dümmliche Witze zum Thema parat hatten. In dieser Zeit
bestimmte per Gesetz der Mann noch den Aufenthaltsort
seiner Ehefrau und in den meisten Gaststätten waren unbe-
gleitete Frauen unerwünscht. Wohnung mieten für Frau
alleine? Ging nicht! Aber Schritt für Schritt verbesserten
sich Gesetze und Gepflogenheiten. In der Politik halfen die
Sozialdemokraten dabei eher als die konservativen, die

christlichen Parteien. Randnotiz zur Entstehung des Gleichberechtigungsgesetzes in den 50er Jahren des letzten Jahrhunderts: Wer glaubt, die (damals meist noch männlichen) Volksvertreter im deutschen Bundestag hätten die Gleichberechtigung schön geradeaus und ohne Schnörkel realisiert, der irrt sich. Wiederholt musste das höchste Deutsche Gericht (Bundesverfassungsgericht) verschiedene für Frauen nachteilige Bestimmungen als juristische Tricksereien entlarven und in den Gesetzentwürfen wieder kassieren. Insbesondere der von der heute leider weitgehend vergessenen Elisabeth Selbert [25] eingebrachte und mit Vehemenz gegen die Konservativen verteidigte Passus des Artikel 3 GG wurde gnadenlos bekämpft:

„...(2) Männer und Frauen sind gleichberechtigt. *Der Staat fördert die tatsächliche Durchsetzung der Gleichberechtigung von Frauen und Männern und wirkt auf die Beseitigung bestehender Nachteile hin."*

Ein weiteres Beispiel: Im Bürgerlichen Gesetzbuch von 1896 lautete der § 1363[26]: „Das Vermögen der Frau wird durch die Eheschließung der Verwaltung und Nutznießung des Mannes unterworfen." Die Frau wurde mit der Heirat quasi enteignet. Im Rahmen der Umsetzung der Gleichberechtigung wurde dieser Paragraf bereits 1952 für unzulässig erkannt, die Umsetzung wurde dann doch noch bis 1958 herausgezögert - raten wir mal, durch wen!

### Frauen waren immer schon gleichwertig

Der Nachweis für die absolute Gleichwertigkeit von Frau und Mann ist durch die Erfolge der modernen Emanzipationsbewegung eindeutig erbracht. An der Evolution kann es nicht gelegen haben, denn für eine solche Veränderung ist der  Generationenabstand zwischen der halbwegs dokumentierten „Augenscheinzeit" und heute einfach zu gering, grundsätzliche Veränderungen im Genom konnten so nicht stattfinden. Die Frauen der früheren Jahrhunderte hatten also die gleichen Fähigkeiten wie unsere heutigen Frauen und die an Sklaverei grenzende Unterdrückung ist ein wesentlicher Bestandteil der von Männern geschaffenen und durchgesetzten Religionen – einem *göttlichen* Religionsschöpfer wäre das sicher nicht passiert. Die Religionen waren eben von den Bedürfnissen der Hirten- und Nomadenvölker der „Augenscheinzeit" geprägt.

**Frühe Matriarchate**

Seit fast 2 Jahrhunderten tauchen immer wieder Theorien auf, die zumindest für die Frühzeit der Menschen Gesellschaften mit Frauenherrschaft (Matriarchate) vermuten. Oft erwartete man von solchen Gesellschaften ein geringeres Konfliktpotential. Quellen dieser Theorien sind vor allem antike Mythen. Die Jungsteinzeit (Neolithikum) soll demnach der Höhepunkt der matriarchal geprägten Epochen der Menschheit gewesen sein[27]. Ackerbau und Pflanzenzucht gelten als Erfindung von Frauen[28], die allgemein über Kenntnisse und Kompetenzen für wirtschaftliche Führungspositionen verfügten. Gegen Ende dieser Epoche wurde die matriarchalische Gesellschaftsordnung dann gewaltsam durch eine patriarchalische ersetzt. Generell scheint die Beweislage unbefriedigend zu sein und die Forschung geht weiter.

**Warum stützten die Frauen ihre Peiniger?**

Oft sind es die Frauen gewesen, die ihren Peinigern zujubelten. Wie konnte es dazu gekommen, dass sie fast masochistisch das Herrschaftssystem stützten, das ihnen kaum die Luft zum Atmen ließ? Hat etwa die Evolution dafür gesorgt, dass das Wesen der Frau für den Mann so einfach manipulierbar wurde?

Hier der schwache Versuch einer Begründung: Frauen sind den Männern zwar physisch, nicht jedoch intellektuell unterlegen. Der Typ „Haudegen" bei den Männern hat sich jedoch über hunderte von Generationen durchgesetzt und für die Evolution gab es keinen Grund, die Nachkommen friedfertiger Männer zu bevorzugen. Im Gegenteil: Wer so richtig und wenn es sein musste auch brutal draufhauen konnte, schützte seine Sippe besser als andere. Und gerade intelligente Frauen wählten sich solche Haudegen als „Begatter" aus, weil die zu erwartenden Nachteile geringer wogen als die erhoffte höhere Sicherheit für sie und ihre Nachkommen. Außerdem sorgten Männer und Schwiegermütter beim weiblichen Nachwuchs für eine entsprechende frühkindliche Indoktrination bzw. Sozialisation. Auf dieses Thema werden wir im übernächsten Kapitel noch detailliert eingehen.

Kurt Tucholsky hat es in seinem Lied „Tamerlan"[29] schön beschrieben: Ein brutaler Eroberer im Zentralasien des 14. Jahrhunderts behandelt Frauen unnachsichtig als Subjekte seiner Begierde, aber die Frauen im 20. Jahrhundert vergleichen die langweiligen, vermeintlichen „Schlappschwänze" ihrer Umgebung mit dieser Urgewalt und finden, dass ein „bisschen Tamerlan" doch auch heute noch gut sei. Wer genau hinschaut stellt fest, dass Frauen sich hin und wieder gegen jede Vernunft einem frauenverachtenden „Brutalo" zumindest im Verborgenen zuneigen - das sind die Reste des jahrtausendealten zutiefst opportunistischen „Beuteschemas" mancher Frauen. Ein

weiteres Beispiel weiblicher Unvollkommenheit finden wir
auch wieder bei Tucholsky in seinem Gedicht „Joebbels" [30].
Hier karikiert er treffend diesen geistigen und körperlichen
Krüppel der Nazizeit, der von Millionen Frauen glühend
verehrt wurde und der kurz vor seinem Ende 1945 seine
unschuldigen Kinder feige mit Zyankali umbrachte.

Und der „kleine Unterschied"?

„Frauen sind eben anders!" Das sagt man nicht nur an
Männerstammtischen, das stimmt sogar. Wenn aktuelle
Forschungsergebnisse der University of Pennsylvania[31] Bestand haben, dann haben sich im Zuge der Evolution die
beiden Gehirnhälften von Männern und Frauen
unterschiedlich entwickelt: Bei Frauen gibt es mehr
Vernetzungen zwischen den beiden Hälften, bei Männern
mehr innerhalb der Hälften. Konsequenz: Männer können
Wahrnehmungen besser in koordinierte Handlungen
umsetzen, Frauen sind besser im Verbinden analytischer
und intuitiver Informationen.

Warum das so ist, ergibt sich aus der jahrhunderttau-
sende alten Arbeitsteilung der beiden Geschlechter: Die
Männer sind besser im Kampf und auf der Jagd, die Frauen
besser im Erhalt der Familie, in der Förderung des
Nachwuchses und wahrscheinlich auch besser im Schlich-
ten von Streitigkeiten. Etwas flapsig formuliert: Männer
können besser einparken und Frauen haben eine höhere
Sozialkompetenz.

### Fazit

Daraus kann man nur einen Schluss ziehen: Das
Menschsein funktioniert nur dann optimal, wenn beide
Geschlechter gleichberechtigt nebeneinander ihre Stärken
ausspielen und Schwächen kompensieren können. Die Art

der Arbeitsteilung und die Optimierung der Geschlechter auf ihre spezifische Rolle lässt keinerlei Begründung einer Bevorzugung zu. Überliefert ist - soweit mir bekannt - eine solche Form des Zusammenlebens bisher nur bei einigen Indianerstämmen Nordamerikas [32].

Die von den Männern in den letzten Jahrtausenden etablierte Dominanz resultiert aus einem Missverständnis: Die Zusammenarbeit mit den Frauen und den anderen Familienmitgliedern hat nichts mit Kampf oder Jagd zu tun, hier wäre Sozialkompetenz gefragt. Da diese bei Männern jedoch deutlich geringer ausgebildet ist als bei den Frauen, war es für die Männer einfacher, mit Muskelkraft und Ignoranz dieses Defizit zu kompensieren. Den Frauen blieb nichts anderes übrig, als klein beizugeben. Um das Ganze zu manifestieren, schufen Männer die Religionen als eine Sammlung repressiver Gebote und Maßnahmen, mit denen sie Frauen in einem sklavenähnlichen Zustand halten konnten.

## Hinweise und Quellen

[1] Wikipedia am 18.08.2013, Stw. „Hypatia"
[2] Blasons auf den weiblichen Körper. Ausgew. u. übertragen v. Lothar Klünner. Nachw. v. Albert-Marie Schmidt. Französ.-dt. Text. Henssel Verlag 1981
[3] Wikipedia, Stw. „Hoheslied", Stand September 2013
[4] Heinrich Heine: „Das Hohelied", in Werke, Band 1, S, 435. R. Löwit Verlag Wiesbaden
[5] Hippolyt ca. 170 – 235
[6] Ambrosius von Mailand (339 - 397)
[7] Mayr, Ernst: Das ist Evolution. Goldmann 2001
[8] u. a. im „Stundenbuch des Kardinals Alessandro Farnese" aus dem Jahre 1546.
[9] Die folgenden Zitate sind u. a. in diesen Quellen zu finden:
   http://www.theologe.de/kirche_frauen.htm
   http://derhonigmannsagt.wordpress.com/2010/04/28/die-opfer-der-kirche---frauen-xii/
   http://www.externstein.de/religion/indexreligion.htm

http://www.rund-ums-baby.de/forenarchiv/alleinerziehend/Wenn-du-eine-
Frau-siehst-denke-es-sei-der-Teufel-Sie-ist-eine-Art-Hoelle_781.htm
https://www.ibka.org/artikel/ag98/frauen.html
[10] Heuermann. Hartmut: „Mythos Religion Ideologie, Kultur- und
gesellschaftskritische Essays. Peter Lang Internationaler Verlag der
Wissenschaften. ISBN 978-3-631-58821-5, u. a. Seite 266 ff. Auch: Krug,
Wolfgang: „Irrlichter, Die Welt will betrogen sein" 2012. ISBN 978-3-848-21315-3
[11] "Femina est mas occasionatus" (= "Die Frau ist ein verfehlter Mann")
[12] http://www.jubeljahr2000.de/frauen.html
[13] http://www.gavagai.de/gg/HHD0902F.htm
[14] Zur Argumentation des Theodoros siehe Angela Longo: Gli argomenti di
Teodoro di Asine sull'educazione comune di uomini e donne nel Commento
alla Repubblica di Proclo (I 253-5 Kroll). In: Elenchos. Band 23, 2002, S. 51-73;
John Dillon: The Equality of the Sexes – Variations on a rhetorical theme in the
fourth century AD. In: Hermathena. Nr. 158, 1995, S. 27-35
[15] erlassen von Papst Pius IX. u. a. Wikipedia Stw. „Unbefleckte Empfängnis",
Stand September 2013
[16] erlassen von Papst Pius XII. u. a. Wikipedia Stw. „Mariä Aufnahme in den
Himmel", Stand September 2013
[17] Gerd Schwerhoff: Vom Alltagsverdacht zur Massenverfolgung. Neuere
deutsche Forschungen zum frühneuzeitlichen Hexenwesen. GWU 46, S. 359-380,
hier S. 362 f., S. 365
[18] http://www.rheinische-geschichte.lvr.de/persoenlichkeiten/H/Seiten
/KatharinaHenot.aspx und Wikipedia Stand September 2013
[19] Wikipedia Stw. „Päpstliche Ehrentitel", Stand Mai 2014
[20] „Im Zweifel für den Angeklagten"
[21] „Man höre auch die andere Seite"
[22] Die Verwandlung eines Menschen in einen Wolf findet sich in vielen Mythen,
wurde im MA im Zuge der Hexenverfolgung auch in unseren Ländern wieder
„kultiviert".
[23] Diwell, Margaret „Die Biographie der Jubilarin auf dem Hintergrund der
Geschichte der Juristinnen" in: Die OLG-Präsidentin - Gedenkschrift für
Henriette Heinbostel. BWV Berliner Wissenschafts-Verlag 2007
[24] Bundespräsident Richard von Weizsäcker in seiner viel beachteten Rede zum 40.
Jahrestag des Endes des Zweiten Weltkrieges am 8. Mai 1985
[25] wikipedia Stw. „Elisabeth Selbert", Stand April 2014
[26] Gefunden in „Deutscher Hausadvokat" von 1900, Seite 277
[27] wikipedia Stw. „Matriarchat", Stand Oktober 2014
[28] Drechsler, Hilligen, Neumann: Gesellschaft und Staat. ISBN 3-8006-1977-6; S.
535
[29] Das große Kurt-Tucholsky-Chanson-Buch. rowohlt 1983
[30] Kurt Tucholsky: So verschieden ist es im menschlichen Leben - Prosa und
Gedichte. rowohlt 1996 Seite 43
[31] Veröffentlicht am 03.12.2013 in n-tv unter dem Titel: „Gut einparken oder gut
einfühlen - Männer denken anders als Frauen"
[32] http://www.indianerwww.de/indian   /frauen.htm

# 4. Freiheit

Die Freiheit des Menschen liegt nicht darin,
dass er tun kann, was er will, sondern, dass er
nicht tun muss, was er nicht will.
JEAN-JACQUES ROUSSEAU,
FRANZ. PHILOSOPH 1712-1778

Die Fähigkeit, das Wort "Nein" auszusprechen,
ist der erste Schritt zur Freiheit.
NICOLAS CHAMFORT,
FRANZ. SCHRIFTSTELLER 1741-1794

## These

Seit der Französischen Revolution und dem Wirken von Immanuel Kant ist der Freiheitsbegriff vor allem durch eine entscheidende Begrenzung der persönlichen Freiheit definiert: Diese endet dort, wo das eigene Denken und Handeln für andere zur Unfreiheit wird. Oder wie heißt es plakativ in einem Song der Gruppe Santiano: „Wir sind frei wie der Wind, aber unsere Freiheit endet an der Nasenspitze der anderen[1]!" Ein freiheitliches Gesellschaftssystem ist also über einen Satz von Regeln definiert, in die gleichberechtigt die Wünsche und Bedürfnisse *aller* Mitglieder einer solchen Gesellschaft einfließen. Alle sind also gleich frei bzw. unfrei.

In der vieltausendjährigen Menschheitsgeschichte ist es erst in den letzten gut 200 Jahren gelungen, Freiheit als universales Menschenrecht zu definieren. Wir wissen, dass in fast allen alten Kulturen die Sklaverei als extreme Form kollektiver Freiheitsberaubung üblich war und meist fester Bestandteil der Gesellschaftsordnung gewesen ist. Daran haben auch die Religionen nichts verändert. Im Gegenteil:

Sie lieferten häufig erst die Grundlagen für die scheinbar rechtmäßige weil gottgewollte Aufteilung der Menschen in Freie und Sklaven. Meist übernahmen Religionen bereits bestehende Rangordnungen und formulierten aus diesem Augenscheinwissen heraus die grausamsten Thesen. Wir wissen heute, dass es keinerlei ernst zu nehmende Begründung für die Schaffung und den Erhalt solcher Gesellschaftsordnungen gibt und die Religionen sind mal wieder - wie so oft - in die Augenscheinfalle der Trugbilder geraten.

# Denkanstöße zur These

### Was ist Freiheit?

Was haben die Menschen im Laufe der Jahrtausende alles ertragen, um frei zu sein: Frei von Tyrannen, aufgezwungenen Religionen, Knechtschaft und Sklaverei aller Art. Viel Blut ist geflossen, um dem Ziel einer freiheitlichen Gesellschaftsordnung näher zu kommen, und immer noch ist der größte Teil der Menschheit nicht frei im Sinne der Verfassung der französischen Revolution [2]:

Art 2. Recht auf Gleichheit, Freiheit, Sicherheit, Eigentum

Art 3. Alle Menschen sind vor dem Gesetz gleich

Art 7. Das Recht , seine Gedanken und Meinungen durch die Presse oder auf jede andere Art zum Ausdruck zu geben, das Recht sich friedlich zu versammeln, die freie Ausübung von Gottesdiensten können nicht untersagt werden

Art 17. Keine Art der Arbeit, des Erwerbs und des Handels kann dem Fleiße der Bürger verwehrt werden

Art 18. (...) eine Person ist kein veräußerliches Eigentum

Art 22. (...) und den Unterricht allen Bürgern zugänglich machen

Diese Grundrechte finden sich auch im Grundgesetz der BRD. Wir werden uns zwei der Artikel weiter unten etwas genauer anschauen. Zuvor noch eine im Zusammenhang mit der Religionskritik wesentliche Feststellung des Philosophen Immanuel Kant:

> „Niemand kann mich zwingen auf *seine* Art (wie er sich das Wohlsein anderer Menschen denkt) glücklich zu sein, sondern ein jeder darf seine Glückseligkeit auf dem Wege suchen, welcher ihm selbst gut dünkt, wenn er nur der Freiheit Anderer, einem ähnlichen Zwecke nachzustreben, die mit der Freiheit von jedermann nach einem möglichen allgemeinen Gesetze zusammen bestehen kann, nicht Abbruch thut.[3]"

### Religionen und Freiheit

Ich bin davon überzeugt, dass die meisten Religionen in ihrem missionarischen Eifer gegen diese Forderung verstoßen haben (und auch noch verstoßen). Als die Eingeborenen Afrikas mehr oder weniger unsanft von christlichen oder mohammedanischen Missionaren „auf den rechten Weg" gebracht wurden und anschließend massenweise in der Sklaverei landeten, sind sie sicher nie nach ihren eigenen Vorstellungen von Glückseligkeit gefragt worden.

Nun kann man einwenden, dass diese Missionstätigkeiten deutlich vor dem Zeitalter der Aufklärung gestartet sind und die Missionare und ihre bewaffneten Helfer (oder waren die Missionare die Helfer der Bewaffneten?) sich als Besitzer der reinen Wahrheit fühlten und so von der Richtigkeit ihres Tuns überzeugt waren.

Für die Missionierung durch Christen liefert u. a. folgende Bibelstelle die formale Rechtfertigung: Matthäus 28,19 „Darum geht nun zu allen Völkern und macht die Menschen zu meinen Jüngern! Tauft sie im Namen ..." Wir dürfen annehmen, dass Matthäus, ganz im Sinne der Lehre Jesu, nie an eine gewaltsame Verbreitung von Lehre und Taufe gedacht hat.

### Sklaverei

Die ersten Hochkulturen kannten die Sklaverei, war sie doch die ökonomischste Methode zur Rekrutierung billiger Arbeitskräfte oder fügsamer Gespielinnen. Zunächst waren es Kriegsgefangene oder überlebende Mitglieder eroberter oder unterdrückter Völker, die man sich als Unfreie hielt. In der Neuzeit bedienten sich dann vor allem christliche Kolonisatoren in Schwarzafrika. Ganze Landstriche wurden entvölkert und die Verschleppten mussten unter grausamen Bedingungen und mit hoher Verlustrate die Fahrt nach Übersee antreten.

### Bibel und Sklaverei

Die Bibel sagt uns, dass alle Menschen vor Gott gleich seien, auf der Erde jedoch erhebliche Unterschiede als gottgewollte Ordnung zu akzeptieren sind. Aus den Formulierungen einiger Bibelstellen darf man entnehmen, dass Gott die Beschaffung und Haltung von Sklaven ausdrücklich befürwortet, hierzu einige Beispiele:

2 Mose (Exodus) 21, 20-21: „Wenn jemand seinen Sklaven mit einem Stock schlägt und er auf der Stelle stirbt, verfällt er der Blutrache. Wenn jedoch der Geschlagene noch ein oder zwei Tage am Leben bleibt, geht der Besitzer straffrei aus; es handelt sich ja um sein Eigentum." Also: Todschlagen ist gefährlich für den Sklavenhalter, Halbtodschlagen nicht.

2 Mose 21, 26: „Wenn jemand seinem Sklaven ein Auge ausschlägt, soll er ihn zur Entschädigung freilassen." Nicht verwunderlich, denn der Sklave ist ja nun in seiner Arbeitsfähigkeit eingeschränkt. Der Sklavenhalter braucht den Invaliden also nicht durchfüttern.

3 Mose (Levitikus) 25,44 ff.: „Wenn ihr Sklaven und Sklavinnen braucht, könnt ihr sie von euren Nachbarvölkern kaufen. Auch Fremde, die bei Euch wohnen, könnt ihre als Sklaven erwerben und ebenso ihre Nachkommen, die in eurem Land geboren sind. Ihr könnt sie für immer als euer Eigentum behalten und auch euren Söhnen vererben."

In 4 Mose (Numeri) 31, 25 ff. sagt der Herr dann auch zu Moses, wie nach einer Strafexpedition gegen die Midianiter mit der Beute zu verfahren sei. Da war einiges zu regeln, denn es wurden insgesamt erbeutet: „675.000 Schafe und Ziegen, 72.000 Rinder, 61.000 Esel und 32.000 Mädchen (!)".

Für mich ist diese kleine Auswahl von Gemeinheiten gegenüber Sklaven nur eine Bestätigung dafür, dass diese Texte ohne das Zutun eines irgendwie gearteten Schöpfers ein Machwerk von Herrschenden sind. Als Gottes Wille verpackt kann man damit ohne Bedenken über Freie und Unfreie gebieten.

Wie auch im Islam sollten die Christen jedoch keine
Glaubensbrüder versklaven, für Heiden und Mitglieder
anderer Religionen galt dies jedoch nicht. Da die Männer
oft kastriert wurden, blieben die Nachkommen aus und
man kann hier durchaus von einem Völkermord sprechen.

Schätzungsweise 30 Millionen Menschen werden auch
heute noch als Sklaven gehalten[4].

Das Handeln mit Sklaven war vor nicht allzu langer Zeit
auch in zivilisierten Staaten Alltag: Im „Pennsylvania
Staatsbote" vom 9. 1. 1764 finden wir folgendes Inserat[5]:

> *„Deutsche Abkömmlinge. Heute ist das Schiff Boston,*
> *Capitän Mathäus Carr, von Rotterdam hier angelangt*
> *mit etlichen hundert Deutschen, unter welchen sind*
> *allerlei Handwerker, Tagelöhner, junge Leute, sowohl*
> *Manns- als auch Weibspersonen, auch Knaben und Mäd-*
> *chen. Diejenigen welche geneigt sind,* **sich mit derglei-**
> **chen zu versehen,** *werden ersucht, sich zu melden bei*
> *David Rundle in der Frontstraße."*

Meistens arbeiteten die so gehandelten auf diese Weise
die Kosten der Überfahrt ab, so dass der Sklavenzustand
auf eine gewisse Zeit, z. B. 10 Jahre, begrenzt war. Aber
während dieser Zeit wurden sie gehandelt wie eine Ware
und Familien wurden zur Profitgestaltung gnadenlos
auseinander gerissen - von Christen. Und diese konnten
sich auf die zahlreichen Bibelstellen berufen, in denen der
„sachgerechte" Umgang mit Sklaven beschrieben ist.

### Religionsfreiheit

ist im Grundgesetz der BRD verankert: "Art 4 GG (1)
Die Freiheit des Glaubens, des Gewissens und die Freiheit
des religiösen und weltanschaulichen Bekenntnisses sind

unverletzlich. (2) Die ungestörte Religionsausübung wird
gewährleistet."

Wenn die gnadenlose Indoktrination von Kinderhirnen
also zur üblichen Religionsausübung und Religionserhal-
tung gehört, dann ist dies (noch) durch das Grundgesetz
Deutschlands geschützt. Es gibt aus der Sorge über das
Treiben religiös-fundamentalistischer Vereinigungen
Forderungen nach einer Einschränkung dieses Artikels:

> aktuelle Fassung: ... *(2) Die ungestörte Religionsaus-
> übung wird gewährleistet.*

> Korrekturvorschlag: ...*(2) Die ungestörte Religionsaus-
> übung wird gewährleistet, soweit die Religionsausübung
> nicht die Rechte anderer verletzt und nicht gegen die
> verfassungsmäßige Ordnung oder das Sittengesetz ver-
> stößt."*

Diese Formulierung entspricht der Einschränkung der
allgemeinen Handlungsfreiheit in Art. 2(1) GG  Art 18 GG
"Wer die Religionsausübung (Art. 4 Abs. 2), die Freiheit
der Meinungsäußerung, ... zum Kampfe gegen die
freiheitliche demokratische Grundordnung missbraucht,
verwirkt diese Grundrechte ..." Hier wird die
Religionsausübung konkret hinzugefügt.

Zitat aus dem Bundeskanzleramt 2012:

„Wir können in einer multikulturellen Gesellschaft nur
zusammenleben, wenn die Regeln des Zusammenlebens
klar sind[6]. Wir brauchen Leitwerte (nicht Leitkultur) und
eine Leitsprache (Deutsch). Diese Leitwerte stehen über
allen anderen Werten. Sie sind im Grundgesetz niederge-
legt. Genau hier hört die Toleranz auf. Es kann nicht sein,
dass im Namen einer "Religion" diese Leitwerte hintergan-

gen und ausgehöhlt werden. Allerdings besagt das Grundgesetz: 'Art 4 GG (1) Die Freiheit des Glaubens, des Gewissens und die Freiheit des religiösen und weltanschaulichen Bekenntnisses sind unverletzlich. (2) Die ungestörte Religionsausübung wird gewährleistet.' Die ungestörte Religionsausübung ist zu verbieten, wenn damit andere Grundrechte wie die Gleichheit vor dem Gesetz eingeschränkt werden. Ich schlage daher konkret folgende Änderung vor:  Art 4 GG ....".

### Homosexualität

Zum Recht auf Freiheit gehört auch das Recht auf ein Ausleben der eigenen Sexualität, soweit dadurch nicht die Rechte anderer Beteiligter eingeschränkt werden. In den meisten Ländern ist diese Freizügigkeit auf heterosexuelle Verbindungen beschränkt, oft ist auch die rechtliche Form der Partnerschaft (z. B. die Ehe) oder ein Mindestalter vorgeschrieben. Beschränkungen gibt es auch im Verwandtschaftsgrad (das ist vernünftig, weil es Inzucht vermeidet). Religionen geben teilweise weitere Restriktionen vor, z. B. ist die Art der Schwangerschaftsvermeidung für katholische Christen nicht frei wählbar.

Bei den gleichgeschlechtlichen, homosexuellen Beziehungen hört in den meisten Gesellschaften und Religionen allerdings die Toleranz auf. Solche Verbindungen gelten als anormal, schändlich, strafbar oder sogar todeswürdig. Dabei ist das im Laufe der Menschheitsentwicklung nicht immer so gewesen: Bei den Völkern der europäischen Antike waren solche Praktiken toleriert. Woher kommen nun homosexuelle Neigungen, und welche Ursachen hat die weit verbreitete Intoleranz?

Wie Homosexualität entsteht ist heute noch nicht eindeutig geklärt. Die Gene sind an der Entstehung der homosexuellen Veranlagung wahrscheinlich nicht beteiligt. Wäre dies der Fall, dann gäbe es die Homosexualität schon lange nicht mehr, denn wegen des fehlenden eigenen Nachwuchses hätten die darwinschen Gesetze diese Linien aussterben lassen.

Wir wissen heute nur, dass die Veranlagung zu homosexuellem Verhalten in die Wiege gelegt ist, genau so wie Rechts- oder Linkshändigkeit.

Für die Intoleranz gibt es mehrere Gründe. So sind die meisten Menschen nicht in der Lage, einem gleichgeschlechtlichen Menschen einen erotischen Kuss zu geben: Ein Gefühl des Schauderns verhindert hier jede Annäherung. Die Skala dieses Gefühls reicht von einfacher Abgeneigtheit bis zu Ekel und Hass.

Das wird es wohl auch gewesen sein, was die Menschen der Augenscheinzeit zu solchen Formulierungen verleitete:

> 3 Mose (Levitikus) 20,13: „Wenn ein Mann mit einem anderen Mann geschlechtlich verkehrt, ist das ein schändliches, todeswürdiges Verbrechen; beide müssen hingerichtet werden."

Für die Menschen der Augenscheinzeit hatte der Geschlechtsakt nur einen Sinn: Die Zeugung des Nachwuchses und die Befriedigung von Gelüsten vor allem der männlichen Partner. Aber der Geschlechtsakt dient auch der Stärkung des Zusammengehörigkeitsgefühls der Elternpaare, die ja im Gegensatz zu unseren animalischen Verwandten die gemeinsame Verantwortung für die Erziehung des Nachwuchses über vielleicht zwölf und mehr Jahre zu tragen haben. Die Evolution hat dazu das Instrument der Liebe geschaffen, mit deren Hilfe auch unangenehme Lebenssituationen leichter zu meistern sind.

Es ist hier nicht der richtige Ort, um dieses gigantische Thema erklären zu wollen, für unsere Betrachtungen reicht es aus zu wissen, dass diese Liebe eben nur zu einem kleineren Teil die Konzeption des Nachwuchses unterstützt und ansonsten wesentliche andere Funktionen hat. Diese zunächst einmal vom Geschlechtlichen getrennte Liebe der Menschen zueinander „befällt" in über 95 % der Fälle Menschen unterschiedlichen Geschlechts, der Rest aber liebt gleichgeschlechtlich. Alles deutet darauf hin, dass dieser Anteil im Laufe der Menschheitsgeschichte nahezu unverändert geblieben ist. Sicher ist jedoch, dass Homosexualität keine heilbare Krankheit ist und vor allem keine Ursache für den moralischen Verfall einer Gesellschaft darstellt. Da es in der Geschichte der Menschheit immer wieder Gesellschaften gegeben hat, die homosexuelle Neigungen und Praktiken toleriert haben, sind die Gefühle der Abneigung wohl nicht angeboren sondern anerzogen. Eine jüngst vorgenommene Untersuchung an Berliner Gymnasien zum Thema „Einstellung zur Homosexualität" hat gezeigt, dass unter Einwandererkindern die Aussage „Ich finde sich in der Öffentlichkeit küssende Männer eklig!" wesentlich häufiger zu hören war als bei Deutschstämmigen[7]. Der Einfluss konservativer Religionen führte zu dieser Feststellung.

Aus dem Toleranzgebot unseres Grundgesetzes geht eindeutig hervor, dass die Sexualität unbedingt eine Privatsache ist und ihre Grenzen lediglich in den Rechten und der Würde anderer hat. Vergewaltigung von Abhängigen, Unmündigen oder Kindern ist unabhängig vom Geschlecht der Beteiligten kriminell und entsprechend zu ahnden. Aber es geht die Gemeinschaft einfach nichts an, was in den Überlebenskampf profane und religiöse Sozialisation profane und religiöse Sozialisation profane und religiöse Sozialisation erwachsener und unabhängiger Menschen geschieht. Nur weil ein zugegeben großer Teil einer Gesellschaft Homosexualität eklig findet, darf man diese nicht kriminalisieren. Was hier eindeutig versagt hat, ist die Erziehung zur Toleranz - und dies nicht nur im sexuellen Bereich. Die „Ekligfinder" sollten sich einmal überlegen, ob sie in ihrer Beurteilung nicht mit zweierlei Maß messen: Die Liebe zweier Gleichgeschlechtlicher verteufeln sie, während echte Sauereien des Alltags wie beispielsweise groß angelegte Finanzgaunereien mit „Die Menschen sind nun einmal so!" akzeptiert werden.

### Linkshänder

Ein beklemmendes Beispiel für eine häufig anzutreffende Freiheitsbeschneidung ist der Umgang mit der angeborenen Linkshändigkeit. Stellt man bei einem Kind eine solche als Abartigkeit empfundene Orientierung fest, beginnt oft eine gewaltsame Umschulung mit schrecklichen Folgen für die Psyche der Betroffenen. So gilt Linkshändigkeit in arabischen Kulturen als schweres Stigma. Die Ursachen dafür liegen Jahrhunderte zurück und sind zum Teil pragmatischer Natur: In arabischen und auch anderen Kulturen wird die Reinigung nach dem Stuhlgang üblicherweise direkt mit der linken Hand und Wasser ausgeführt. Dies führte zu der Betrachtung der linken Hand als unrein; sie wird daher nicht zum Essen oder für soziale Kontakte eingesetzt. Es ist eine Beleidigung, jemandem zur Begrüßung die linke Hand zu reichen. Damit diese

Verhaltensweisen auch befolgt werden, sind sie Bestandteil religiöser Gebote geworden. Ähnlich ist wahrscheinlich das Schweinefleischverbot aus zunächst pragmatischen Ursachen heraus entstanden: Schweinefleisch ist in warmen Gebieten kaum keimfrei zu halten. In den alten Kulturen des östlichen Mittelmeeres war es warm und Wasser war ein knappes Gut. Da den Menschen das Fleisch der Schweine sicher hervorragend geschmeckt hätte, musste man es mit einem wirksamen Bann belegen. Und über ein religiöses Verbot kann man eine extrem wirksame Ächtung erzeugen. Zum Vergleich: Die entwickelten Kulturen unserer Zeit haben einen so hohen Hygienestandard, dass eine Unterscheidung der Hände nach einheitlich zugewiesenen Aufgaben sinnlos geworden ist: Es gibt keine unreinen oder minderwertigen Hände.

### Poly-, Mono-, Pan- und Atheismus

Diese Auswahl an religiösen und philosophischen Begriffen benennt die Anzahl der Götter, die in einer Religion anerkannt sind. Die *Polytheisten* betreiben eine Vielgötterei, markante Vertreter sind die meisten Naturreligionen aber auch die reichhaltige Götterwelt der alten Ägypter und der alten Griechen. Von außen betrachtet erscheint der Hinduismus – immerhin die nach Christentum und Islam die drittgrößte Religionsgemeinschaft - auch polytheistisch zu sein. Sicher ist der Polytheismus die älteste Erscheinungsform eines Gottglaubens.

Im *Monotheismus* glaubt man an nur einen Gott und zu den monotheistischen abrahamitischen Religionen (s. o.) bekennt sich immerhin ungefähr die Hälfte der Weltbevölkerung.

Der Ausdruck *Pantheismus* (von altgriechisch πᾶν pān „alles" sowie θεός theós „Gott") bezeichnet die Auffassung, Gott sei eins mit dem Kosmos und der Natur. Das Göttliche wird im Aufbau und im Wesen des Universums gesehen. Ein personifizierter, allmächtiger Gott ist somit nicht vorhanden.

*Atheisten* bestreiten, dass es überhaupt einen Gott gibt. Dann gibt es noch die *Agnostiker*, die zwar nicht bestreiten dass es Gott gibt, jedoch nicht an Gott glauben (das ist nicht leicht zu verstehen)[8]. Mit meinen Sinnen kann ich zwischen Atheismus, Agnostizismus und Pantheismus beim besten Willen nicht unterscheiden: Ob Gott alles oder nichts ist, wird meinem Verstand wohl immer verborgen bleiben. Ich anerkenne, dass sich ein auch nur leicht spiritueller Mensch eher dem Pantheismus als dem Atheismus zuneigen würde.

Für uns hier ist wichtig, dass in einer freiheitsorientierten Weltordnung jeder Mensch sich ohne jede Benachteiligung oder Gefahr für einen dieser „Xtheismen" bzw. für eine Religion entscheiden darf. Es gehört zur Forderung nach Religionsfreiheit, dass es jedem überlassen bleibt, wie viele Götter er verehren möchte. Wie bereits weiter oben erwähnt, sollte aber im Gegenzug jeder religiöse Mensch diese Freiheit der anderen bedingungslos akzeptieren.

### Gibt es Gott?

Ich werde mich hüten, auf diese Frage aller Fragen eine Antwort zu versuchen. Ich weiß es nicht und nehme nur für mich an, dass es ihn nicht gibt. Da wir Menschen weder über unsere Sinne noch über unseren Verstand ein irgendwie geartetes Wesen „über uns" erkennen können, bleibt alles zu diesem Thema reine Spekulation. Und ein jeder hat das Recht, sich an dieser Spekulation zu beteiligen. Wir

müssen akzeptieren, dass es aufgrund der Sozialisation,
dem individuellen Grad an Spiritualität sowie anderer
Prägungen für die weitaus meisten Menschen leichter ist,
ihren Lebensweg *mit* IHM zu beschreiten (Ob Gott ein
männliches, weibliches oder neutrales Wesen ist, lasse ich
an dieser Stelle offen und sage „IHM", weil zumindest der
oberste der Götter in den meisten Religionen männlich ist).
Die Atheisten, die *ohne* IHN auskommen wollen, haben es
höchstwahrscheinlich einfacher, ihr Schicksal zu gestalten
und zu akzeptieren. Es gehört zur Forderung nach Freiheit
sich dieser Verantwortung zu stellen.

**Fazit**

Eine in vielen Kulturkreisen feststellbare „Goldene Regel" lautet: „Was Du selber nicht erleiden möchtest, das
füge auch keinem anderen zu[9]". Von diesem Gebot ist es
nicht weit zu der Feststellung, dass die eigene Freiheit ihre
Grenzen dort hat, wo die Freiheit der anderen beginnt. In
zahlreichen Aphorismen findet sich diese Forderung, ich
habe hier nur drei herausgegriffen:

- „La liberté de chacun a pour limite logique la
  liberté de tous les autres" [10]

- „Freiheit besteht darin, das man alles das tun
  kann, was einem anderen nicht schadet." [11]

- „Die Freiheit eines jenen beginnt dort, wo die
  Freiheit eines anderen endet." [12.]

Ich kann mich des Eindrucks nicht erwehren, dass die
meisten Religionen diese Regel für sich restriktiv
umgearbeitet haben: „Die Freiheit eines jenen endet dort,
wo unsere Gebote (und Verbote) beginnen." Religion und

Freiheit passen meist nicht zusammen, obwohl das nicht zwangsläufig so sein muss. Ursache ist wahrscheinlich das Ausschließlichkeitsgebot: „Du sollst neben mir keine anderen Götter haben" [13] Fast jede der Weltreligionen sieht sich als die einzig wahre an und muss zwangsläufig, um sich nicht selber aufzugeben, alle anderen bekämpfen.

In einer heute noch utopischen „Charta der Vereinten Religionen" müsste als erstes das Ausschließlichkeitsgebot ersetzt werden: „Du *musst* die religiöse Weltanschauung anderer Menschen akzeptieren und Du hast die *Freiheit*, aus der Vielzahl der Religionen dieser Charta die für Dich am besten passende ohne irgendwelche Benachteiligungen auszuwählen."

### Hinweise und Quellen

[1] Santiano: Bis ans Ende der Welt, CD und DVD Premium Edition 2012

[2] vom 24. Juni 1793 aus: http://www.eschbach-gymnasium.de/seminar/9899/tradition/revolution.html

[3] Kant, Ausgabe der Preußischen Akademie der Wissenschaften, Berlin 1900 ff, AA VIII : Abhandlungen nach 1781, S. 290

[4] Süddeutsche Zeitung vom 17. 10. 2013: Fast 30 Millionen Menschenleben als Sklaven

[5] Hopp, Dr. E.: Bundesstaat und Bundeskrieg in Nordamerika. G. Grote'sche Verlagsbuchhandlung Berlin 1886, S. 324. Dort auch weitere Beispiele

[6] https://www.dialog-ueber-deutschland.de/DE/20-Vorschlaege/10-Wie-Leben/Einzelansicht/vorschlaege_einzelansicht_node.html?cms_idIdea=2649: Einschränkung der Religionsfreiheit!

[7] Spiegel Online - Schulspiegel vom 12.05.2009: „Homo-Hass in der Schule: „Alles total verweichlichte Tunten hier„

[8] http://www.atheismus-info.de

[9] Altes Testament: Das Buch Tobit 4, 14. Auch an mehreren Stellen des NT zu finden

[10] Karr, Jean-Baptiste Alphonse (1808 - 1890): „Die Freiheit hat als ihre logische Grenze die Freiheit aller anderen."

[11] Claudius, Matthias (1740 _ 1815). Quelle: Wandsbecker Bote, Erklärung der Menschenrechte. (Zwischenbetrachtungen über die Bekanntmachung der Menschenrechte Nr. 4)

[12] Immanuel Kant (1724 — 1804), deutscher Philosoph

[13] Das 3. der 10 biblischen Gebote nach 2 Mose 20, 3 und 5 Mose 5, 7

# 5. Das Geheimnis der Sozialisation

Wir dürfen auch nicht übersehen, dass
wahrscheinlich die stetige Einschärfung
eines Glaubens an Gott in dem Geist der
Kinder eine starke und vielleicht sogar
vererbte (?) Wirkung auf ihr noch
unentwickeltes Gehirn hervorbringt, so da es
für sie schwierig wird, ihren Glauben
abzulegen, ähnlich wie für den Affen seine
instinktive Angst vor Schlangen.
CHARLES DARWIN

## These

Die meisten Religionen beginnen mit dem
Religionsunterricht bereits in der frühesten Kindheit ihrer
Schäfchen: Der kindliche Geist nimmt bereitwillig alles auf,
was vermeintlich und tatsächlich überlebenswichtig ist. So
entstehen bereits sehr früh glaubenskonforme Kopien der
Erwachsenen und nicht selten wird die ideologische Nähe
der Generationen als Nachweis für göttliches Wirken allen
Betroffenen eingeredet. Ohne diesen Indoktrinationspro-
zess fiele es den Menschen leichter, sich mit ihrer Religion
kritisch auseinanderzusetzen und eine eigenständige Ethik
zu entwickeln.

## Denkanstöße zur These

Wir waren eine kleine Gruppe von Männern und
Frauen, die gerade erfolgreich eine Lesung von Gedichten
über die Bühne gebracht hatten. Wir saßen in einem
gemütlichen Wirtshaus zusammen, um etwas mehr über
uns zu erfahren. Ich hatte gerade über meine Einschulung

in einem Kriegsjahr und dem damals schwierig durchzuführenden katholischen Religionsunterricht und den typischen Eigenheiten einer katholischen Volksschule meiner Heimatstadt erzählt, als einer aus der Gruppe feststellte: „Dann wurdest du also *katholisch sozialisiert!*" Mir war der sozialwissenschaftliche Begriff „Sozialisation" nicht sonderlich geläufig und ich habe mich dann schlau gemacht. Mir wurde plötzlich klar, dass die frühen Lernprozesse eine besondere Funktion und einen erheblichen Einfluss auf das ganze Menschenleben haben.

Kurz gefasst versteht man unter Sozialisation die Entwicklung einer Persönlichkeit mit dem Ziel, deren soziales Handeln auf die im sozialisierenden Umfeld geltenden Normen, Werte und Werturteile auszurichten. Eine gelungene Sozialisation versetzt das Individuum einerseits in die Lage, diese bestehenden Werte und Normen zu erkennen und zu akzeptieren, andererseits die Normen und Werte auch reflektierend in Frage zu stellen. Das Individuum verinnerlicht die Werte und Normen über unterschiedliche Erziehungs- und Lernprozesse, die wir uns zunächst einmal kurz ins Gedächtnis zurückrufen wollen[1].

### Formen des Lernens

Wir kennen die unterschiedlichsten Formen des Lernens: Beim *Lernen durch Speichern* lernen wir Texte oder Fakten so lange auswendig, bis wir sie fehlerfrei abrufen können. Der Lernerfolg ist abhängig von der Tiefe und Häufigkeit der Wiederholungen. Gegen allmähliches Vergessen hilft nur eine gelegentliche Auffrischung. Wir wissen aus eigener Erfahrung, das diese Lernform jungen Menschen wesentlich leichter fällt als älteren. Außerdem kann man diese Art des Lernens trainieren, wofür vor allem die Bühnenschauspieler lebendiger Beweis sind.

Beim *Lernen durch Erfolg und Misserfolg* (auch *Versuch und Irrtum*) erfahren wir unmittelbar etwas über die Qualität unseres Handelns. Glückt ein Versuch, fühlen wir uns bestätigt und „schweben im siebten Himmel". Aus den u. U. schmerzhaften Folgen eines Misserfolges lernen wir, was wir zukünftig in vergleichbaren Situationen besser machen können. Auf jeden Fall spricht uns das Ergebnis emotional an, was den Lernerfolg gut absichern sollte. Die Methode eignet sich vor allem zum Erfassen unbekannter Zusammenhänge, ist also eine wesentliche Voraussetzung für Innovation. Da diese Lernmethode den Misserfolg, anders ausgedrückt: den Fehler, einschließt, setzt sie eine gewisse Fehlerkultur voraus. Dazu gehört das Akzeptieren der Doppelrolle von Fehlern: In vielen Fällen können wir eben nur aus Fehlern lernen – Null Fehler = Null lernen? Schon vor Darwin war bekannt, dass das Prinzip von „Versuch, Irrtum und Erfolg" der zentrale Funktionsbaustein der Evolution ist. Und die „kleine Kopie" davon in uns verleitet uns hin und wieder zum Versuchen neuer Wege – die sich dann oft (und zwangsläufig) als Fehler herausstellen.

*Lernen durch Erfassen und Herleiten* ist vielleicht die höchste Form des Lernens aus eigener Vorstellung über die Folgen eigenen Handelns. Erstreckt sich bis in die höchsten Ebenen geistiger Tätigkeit. Verbindet Erfahrung, Phantasie und Logik zu völlig neuen und für die Umgebung oft auch überraschenden Ideen und Interpretationen. Voraussetzung für echten Fortschritt. Die Fähigkeit zu dieser Lernform steigt mit zunehmendem Lebensalter.

Beim *Lernen durch Nachahmung* lernt man aus den Erfolgen und Misserfolgen anderer. Nachteilig ist die geringere Lerntiefe. Funktioniert vor allem bei Kindern, die in ihrer Unbefangenheit und Neugier unvoreingenommen an diese Form des Lernens herangehen.

In den bisher skizzierten Lernformen ist wesentlich, dass der Lernende sich dem Lernprozess freiwillig unterzieht – er muss nicht, wenn er nicht will. Aber es geht auch anders, zunächst ein Verfahren, das viele von uns auch noch als Erwachsene „erleiden" müssen:

*Lernen durch strenge Belehrung.* Es handelt sich um eine fremde Aktivität, die Belohnung und Bestrafung einbezieht. Beliebte Methode bei weniger begabten Lehrern, überforderten Vorgesetzten und auch bei so manchen Eltern – auf jeden Fall immer „von oben herab". Beispiele gibt es wie Sand am Meer:

> Chef vor versammelter Mannschaft: „Das hätten sie sich doch denken können, dass das so nicht geht. Kommen sie anschließend einmal in mein Büro!"

> Lehrer vor der ganzen Klasse: „Ah, da haben wir ja unseren hochverehrten Herrn Schmitt, der glaubt, dass ihm das alles ohne Fleiß nur so entgegen fliegt. Glatte 5!"

Und das können natürlich alle mithören. Die so handelnden Oberen hoffen, dass sich aus der angestrebten Zerknirschtheit die Einsicht entwickeln könnte, zukünftig Fehler oder Minderleistungen durch mehr Lernen zu vermeiden. Tatsächlich entwickeln viele der so Behandelten eine entgegen gesetzt gerichtete Aktivität: Sie fragen sich: „Wie kann ich meinen Fehler jemand anderem oder den „Umständen" unterschieben oder wie kann ich in der

Schule effizienter pfuschen?" Dieses Verhalten setzt sich für
leider zu viele Menschen auch im Berufsleben fort.

### Frühkindliche Prägung

Aber es geht noch schlimmer. *Lernen durch Prägung* ist
für den Menschen in seinen ersten Jahren überlebenswichtig: Im Unterbewussten legt er ein Fundament für sein
ganzes Menschenleben: Überlebensdrang, Erkennen von
Mangelsituationen (Hunger, Durst, Schlaflosigkeit), Deuten
und Ertragen von Schmerzen, Differenzieren unterschiedlicher Gefühlssituationen, Zu- oder Abneigung für bzw.
gegen bestimmte Situationen oder Personen. Was hier in
den ersten Lebensjahren im Guten wie im Schlechten
geschieht, ist später nur schwer zu korrigieren. So lernt der
kleine Mensch beispielsweise auch dialektspezifische Laute
und Klangfärbungen, die er je nach Intensität später kaum
noch aus seiner Sprache entfernen kann: Kehlkopf, Zunge
und unzählige Sprechmuskeln[2] sind dann fest auf den
Heimatdialekt getrimmt. Ein Indiz für eine gelungene
Sozialisation ist also auch die Fähigkeit, neben dem
Heimatdialekt die deutsche Hochsprache weitgehend
akzentfrei zu sprechen.

Auch in der nachfolgenden Zeit setzt sich das Prägen
fort, hier entscheidet es sich, wie der Mensch als soziales
Wesen agiert: Sein Verhalten im täglichen Miteinander, ob
einer zum chronischen Duckmäuser oder zum
selbstbewussten, konstruktiv kritischen und mit Zivilcou-
rage versehenen Mitglied einer offenen Gesellschaft wird.

Wozu dieser kurze Exkurs in die Lernmethodik? Ist
Ihnen schon einmal aufgefallen, dass auch hochintelligente
Menschen ein durchaus fatalistisches Verhalten zeigen kön-
nen, wenn es um die Themen Gott und Religion geht? Sie

erkennen zwar im Grundsatz die Gefahren, die uns aus dem Wertesystem der „Anschauungswelt" herüberwachsen, trauen sich aber offensichtlich nicht, bestimmte Glaubensgrundsätze in Zweifel zu ziehen. Vieles Wissen oder besser Glauben ist in der Kindheit so eingeprägt worden, dass jeder Zweifel sofort zu einem Verlust von Sicherheit und Orientierung führen muss. Der Schwerpunkt der Sozialisation liegt in solchen Fällen wohl in der bedingungslosen Unterordnung des Betroffenen unter die Normen, Werte und Werturteile eines religiös geprägten Umfeldes. Durch eine Art geistiger Vergewaltigung wird auch Unbewiesenes und Falsches als Tatsache eingehämmert, um den Sozialisationszielen näher zu kommen.

Dass diese Problematik auch heute noch auf die Tagesordnung der Politik gehört, zeigt diese ...

## Verblüffende Idee aus dem Bundeskanzlerinnenamt

In der Homepage unserer Bundeskanzlerin Angela Merkel finde ich Anfang August 2013 unter der Rubrik: „Wie wollen wir zusammenleben?" folgenden Text[3]:

### „Religiöse Indoktrination von Kindern ins Strafgesetzbuch aufnehmen

Die religiöse Erziehung von Kindern stellt einen schwerwiegenden Eingriff in die gesunde psychische Entwicklung eines Kindes dar. Das Aufwachsen mit einer unvoreingenommenen, "nicht gehirngewaschenen", reflektierten Psyche wird den Kindern durch religiöse Erziehung massiv erschwert oder gar gänzlich vereitelt. Dies betrifft im Kern also die Religionsfreiheit, die durch religiöse Indoktrination bereits im Kindesalter für deren späteres Erwachsenenleben missachtet wird.

Religiöse Indoktrination/Erziehung sollte somit als Straftatbestand geahndet werden, da es sich hierbei um den mentalen Missbrauch durch eine Interessengemeinschaft handelt. Diese Interessengemeinschaften indoktrinieren die Kinder mit dem Ziel, sie möglichst früh schon im Kindesalter im Interesse ihrer Glaubensgemeinschaft mental zu verändern bzw. eine bestimmte Ideologie aufzudrücken.

Es sollte somit unter Strafe gestellt werden, Kinder mit Religion zu indoktrinieren. So wie es Paragraphen gibt, die Kinder vor körperlichem Missbrauch schützen, so muss es auch Paragraphen geben, welche Kinder vor mentalem Missbrauch schützen. Zum Beispiel haben die Paragraphen 174 - 176 StGB den Sinn, die natürliche sexuelle Entwicklung von Kindern zu schützen. Ebenso muss auch die natürliche mentale Entwicklung der Kinder geschützt werden. Bislang fehlt hier aber jeglicher Schutz.

Deshalb: Religiöse Indoktrination von Kindern ins Strafgesetzbuch!"

Wenn es keinen konkreten Anlass für diese Sorge gäbe, wäre dieser Vorschlag wohl nicht entstanden.

### Milliardenfacher Missbrauch

Die Evolution hat dem frühkindlichen Lernprozess eine besondere Funktion gegeben: Förderung der Persönlichkeitsentwicklung mit dem Ziel, gemeinsam mit der Gruppe überleben zu können und innerhalb der Gruppe als gleichwertiges Mitglied akzeptiert zu werden.

Auch wen oder was man liebt wird in dieser Phase eingeprägt: Liebe zu Eltern und Geschwistern, zur Heimat und
eben auch zu Gott.

Wie bereits eingangs festgestellt, lernt der heranwach-
sende Mensch, sein soziales Handeln auf die im
sozialisierenden Umfeld geltenden Normen und Werte
auszurichten. Nach den Inhalten können wir unterscheiden
zwischen der profanen und der religiösen Sozialisation. Die
profane Sozialisation betrifft die Familie, die Umwelt, die
Medien, die Gesellschaft mit allen ihren Institutionen und
Regeln, die Ethik, aber auch die Sexualität. Die religiöse
Sozialisation betrifft das Verhältnis der Menschen zu Gott,
der Kirche (oder einer anderen Organisationsform) und
deren Institutionen und Regeln, aber auch die
Vorstellungen der jeweiligen Religion zur Sexualität.

Aus der Sicht der Augenscheinzeit war die Religion
essentieller Bestandteil dieses Umfeldes, so dass es
selbstverständlich erschien, profane und religiöse Sozialisation beliebig miteinander zu vermischen. Wahrscheinlich
hatte man gemerkt, dass die Bindung zur Religion umso
fester ist, je intensiver die Sozialisation in Form einer
frühkindlichen Indoktrination einwirkt. In den ersten Jahren der Entwicklung legte man das Fundament für eine
lebenslange und oft auch bedingungslose Unterordnung
der eigenen Vorstellungen unter die Gebote der jeweiligen
Religion - meist so, dass man sich ein Leben außerhalb dieser Gebote gar nicht vorstellen konnte. Man schafft damit
also lebenslange Christen, Juden, Moslems, Buddhisten
oder Hindi.

Dabei ging es ursprünglich wohl nur um das Bestehen
im Überlebenskampf (profane Sozialisation). *Dazu* hat die
Evolution das Werkzeug „Sozialisation" geschaffen. Würde

sich diese frühkindliche Prägung auf das beschränken, wozu diese hochspezialisierte erste Lernphase entwickelt wurde, dann entstünden *universale* Fertigkeiten zum Bestehen im Überlebenskampf und die Fähigkeit zum konfliktarmen Zusammenleben. Alle so geprägten Menschen könnten auch dann problemlos miteinander wirken, wenn sie aus anderen Ecken der Welt kommend erst spät im Leben aufeinander stießen. Tatsächlich aber haben die Religionen diese Phase für eigene Interessen genutzt. Innerhalb einer Religionsgemeinschaft sind die so Geprägten kompatibel, nicht jedoch im Verhältnis zu Menschen anderer Religionen. Dann ist Feindschaft angesagt bis hin zum Wunsch, das jeweils Fremde auszurotten. Betrachtet man die Fehden zwischen Christen und Moslems oder fast schlimmer noch die zwischen den einzelnen Glaubensrichtungen einer Religionen, dann wurde hier ein gigantisches Konfliktpotential herangezüchtet. Der Hauptgrund liegt wohl im Ausschließlichkeitsanspruch, der vor allem die abrahamitischen Religionen prägt. „Meine Religion ist die einzig wahre!" sagt ein jedes Mitglied, mit verheerenden Folgen. Ein rechter Nährboden für Fanatiker.

### Rückgang der religiösen Sozialisation

In den letzten 50 Jahren ist die Intensität der religiösen Sozialisation in den meisten europäischen Ländern stark zurückgegangen, und dies sowohl innerhalb der Familie als auch im mitgestaltenden Umfeld (Kindergarten, Schule, Ausbildung, Studium)[4]. Dafür gibt es zahlreiche Indizien und Beweise, herausgreifen will ich hier nur die Entwicklung der Mitglieder- und Austrittszahlen in Deutschland und Österreich.

Manches deutet darauf hin, dass in katholischen Gemeinden und Familien die religiöse Sozialisierungstiefe höher ist als in den evangelischen. Die stärkere Bindung zeigt sich u. a. auch in der Zahl der Kirchenaustritte[5]: 1970 traten bei annähernd gleichem Mitgliederstand 200.000 aus der evangelischen und „nur" 70.000 aus der katholischen Kirche aus. Die Sozialisierungstiefe der Katholiken begrenzte die Zahl der aktiven Zweifler. 2011 war dieser Effekt bereits nicht mehr so stark: 141.000 Austritte „e" und 126.000 Austritte „k"

Im katholischen Österreich nannten sich 1961 noch 89% katholisch und 6% evangelisch, 2012 reduzierte sich dies auf 63% katholisch und 4% evangelisch.

In den liberalen Niederlanden bekannten sich in den 1950er Jahren 67% zu einer religiösen Gruppierung, 2006 waren es nur noch 39%.

Den Kirchen schwindet so nach und nach die Basis und die immer schwächer werdende religiöse Sozialisation beschleunigt diesen Prozess noch. Die Realisierung der weiter oben zitierten Forderung: „Religiöse Indoktrination von Kindern (gehört) ins Strafgesetzbuch!" hätte z. Zt. eher geringe Chancen - dafür sind die Kirchen unabhängig von ihrem Bestand an wirklich aktiven Mitgliedern noch zu stark. Ich bin mir sicher, dass sich die Situation bereits in weniger als zwanzig Jahren grundlegend verändern wird.

### Einfluss der Gesellschaftsformen

David Riesman (1909 - 2002) unterscheidet in seinem Buch „Die einsame Masse[6]" (The Lonely Crowd[7]) drei Gesellschaftsformen, deren sozialer Charakter zu Verhaltenskonformität innerhalb einer Gesellschaft führt:

- traditionsgeleitete Gesellschaft

- innengeleitete Gesellschaft

- außengeleitete Gesellschaft (treffender: fremdbestimmte Gesellschaft)

In jeder Kultur finden sich diese Grundformen in unterschiedlicher Häufigkeit wieder, eine jedoch ist jeweils als dominant anzusehen.

In *traditionsgeleiteten* Gesellschaften findet eine starke Prägung durch Jahrhunderte alte Tradition und Sitten statt, Träger der Sozialisation sind die Familienmitglieder und bereits früh einsetzend religiöse Institutionen. Die Individuen werden nicht dazu angehalten, einen eigenen Lebensweg zu finden. Ziel der Prägung ist eine hohe Anpassung an die Umgebung. Kinder kopieren früh die Eltern und Großeltern und beginnen früh mit einem selbständigen Handeln: Sie wollen den Eltern nicht zur Last fallen. Verhaltenskonformität ist hoch gewertet, Abweichungen erzeugen ein Schamgefühl.

*Innengeleitete* Gesellschaften fördern früh die individuelle Ausrichtung auf den lebenslangen Konkurrenzkampf. Ziel der Sozialisation ist es, eine hohe Lebenserfüllung im beruflichen und gesellschaftlichen Erfolg zu finden. Abweichungen erzeugen ein Schuldgefühl, nicht gut genug zu sein gegenüber den Erwartungen der Familie. Der Konkurrenzkampf folgt jedoch gewissen ethischen Regeln, eine lebenslange Weiterbildung wird als Erfolgsvoraussetzung akzeptiert.

In *fremdbestimmten* Gesellschaften wirken vor allem die Medien massiv auf die Entwicklung des Einzelnen ein. Der Einfluss der Eltern ist geringer als in den anderen

Gesellschaftsformen. Die USA werden als eine in wesentlichen Teilen fremdbestimmte Gesellschaft angesehen. Ein treffendes Beispiel für Fremdbestimmung finden wir in einem typisch amerikanischen Fast-Food-Unternehmen: Mit der Schaffung eigens für Kinder eingerichteten Bestellschaltern und der Integration von eingeredetem Lieblingsessen und Lieblingsspielzeug entzieht man diese Kindern weitgehend dem elterlichen Einfluss. Ziel ist es, bereits in früher Jugend eine Abhängigkeit von Marke und „Food" einzuprägen. So etwas gehört eigentlich genauso geächtet wie die frühe religiöse Sozialisation.

Für Deutschland ist festzustellen, dass wir bis in die jüngste Vergangenheit im wesentlichen eine innengeleitete Gesellschaft waren, wenn auch in einigen Landstrichen ein stärkerer Hang zur traditionsgeleiteten Gesellschaft festzustellen ist. Die US-amerikanisch ausgerichteten Massenmedien und vor allem die sozialen Netze fördern besonders unter der Jugend eine zunehmende Entwicklung hin zur fremdbestimmten Gesellschaft. Wir sollten uns überlegen, ob wir diesen schleichenden Prozess so einfach akzeptieren oder mit geeigneten Mitteln dagegenhalten wollen.

Im Kapitel „Evolution" ist unter der Kurzüberschrift „Bibel statt Darwin" bereits erwähnt, dass nach einer neueren Studie 90% der US-Amerikaner die Evolutionstheorie ablehnen und nur die Schöpfungsgeschichte der Bibel akzeptieren. Die frühkindliche Indoktrination ist so intensiv, dass hier nicht nur das falsche Wissen äußerst robust in die kleinen Köpfe eingehämmert sondern auch gleich ein schier unüberwindlicher Schutzzaun dazu geliefert wird: Wer an der Bibel zweifelt hat Angst, aus der Gemeinschaft verstoßen zu werden.

## Fazit

Der erste Teil der Sozialisation findet in der frühen Kindheit statt, unbeeinflussbar von den kleinen Menschen. In früheren Zeiten, in denen auch die Volksschule noch religiös kontrolliert war, wurde hier in der festen Absicht, lebenslängliche Religionsmitglieder zu „programmieren", hemmungslos „geprägt". Im zweiten, lebenslänglich wirkenden Teil der Sozialisation war es dann dem Individuum nur mit hohem intellektuellen Aufwand möglich, „Normen und Werte auch reflektierend in Frage zu stellen", wie eingangs von einer gelungenen Sozialisation gefordert. Die meisten Erwachsenen kommen von der frühkindlichen Indoktrination nicht weg.

In meiner Jugend habe ich bei diesem Thema Glück gehabt: Weder Eltern noch Großeltern gestalteten meine Erziehung nachhaltig religiös und in den ersten Schuljahren war der Religionsunterricht eine freiwillige Nachmittagsübung, die von mir oft geschwänzt wurde.

## Hinweise und Quellen

[1] wikipedia Stw. Sozialisation. Stand Oktober 2013

[2] Zum Begrifflichen: KSDS-Unterrichtsmaterialien: „Die Diglossie-Situation in der Deutschschweiz" (KSDS = Kleiner Sprachatlas der deutschen. Schweiz)

[3] https://www.dialog-ueber-deutschland.de/DE/20-Vorschlaege/10-Wie-Leben/Einzelansicht/vorschlaege_einzelansicht_node.html?cms_idIdea=18178

[4] Wolf, Christof: Religiöse Sozialisation, konfessionelle Milieus und Generation. Zeitschrift für Soziologie, Jg. 24, Heft 5 Oktober 1995, S. 345 - 357

[5] Die Zahlen sind wikipedia unter den Stichwörtern: „Mitgliederentwicklung in den Kirchen" und „Kirchenaustritt" entnommen.

[6] Riesman, D. u. a. ; Die einsame Masse. Rowohlts Deutsche Enzyklopädie 1986

[7] Riesman, D.: The Lonely Crowd: A Study of the Changing American Character, Abridged and Revised Edition

# 6. Über die Dummheit

*Zwei Dinge sind unendlich, das Universum und die menschliche Dummheit, aber bei dem Universum bin ich mir noch nicht ganz sicher.*
ALBERT EINSTEIN

*Gegen Dummheit kämpfen Götter selbst vergebens*
FRIEDRICH V. SCHILLER

## These

Allgemeinbildende Schulen haben die Aufgabe, einen jeden nach seinen Möglichkeiten bis an seine angeborenen oder die von ihm gewünschten Grenzen zu fördern. Leider nutzen vor allem religiöse Organisationen aber auch ganze Staaten ihre Machstellung gnadenlos aus, um die ihnen anvertrauten Menschen zielgerichtet in den Wissensgebieten kurz zu halten, in denen sie eine Gefahr für den Bestand ihrer Organisation sehen. Anders ausgedrückt: Durch Einengung der Lehrpläne und dem Setzen von Denkverboten hält man ein passend dimensioniertes Dummheitspotential künstlich hoch, damit die „Schäfchen" nicht aufbegehren und leicht in Richtung der Ziele der Organisation zu beeinflussen sind.

## Denkanstöße zur These

### Was bedeutet „Dummheit"?

Bereits in Meyers Großem Konversationslexikon von 1906 finden wir eine treffende Definition:

„Im engeren Sinne ist Dummheit die mangelhafte
Fähigkeit, aus Wahrnehmungen angemessene
Schlüsse zu ziehen beziehungsweise zu lernen. Dieser Mangel beruht teils auf Unkenntnis von Tatsa-
chen, die zur Bildung eines Urteils erforderlich sind,
teils auf mangelhafter Intelligenz oder Schulung des
Geistes bzw. auch auf einer gewissen Trägheit und
Schwerfälligkeit im Auffassungsvermögen beziehungsweise der Langsamkeit bei der Kombination
der zur Verfügung stehenden Fakten oder Daten
(Wahrnehmung, Kognition). Die Dummheit ist ein
Sachverhalt, der noch innerhalb der Grenzen
normaler kognitiven Fähigkeiten liegt und deshalb
von geistiger Behinderung oder Unsinn unterschieden werden kann."

Kurz gefasst: Dumm ist, wer mangels Intelligenz und
Fähigkeiten unfähig ist, aus allgemein erkennbaren Fakten
vernünftige Schlüsse zu ziehen. Ich ergänze noch: Ganz
besonders dumm ist derjenige, der diesen Zustand auch
noch absichtlich herbeiführt.

### Recht auf Dummheit

Von Mark Twain wissen wir, dass das Recht auf Dummheit von der amerikanischen Verfassung geschützt wird,
das gehört zur Garantie der freien Persönlichkeitsentfal-
tung. Im Deutschen Grundgesetz könnte u. a. Artikel 5
dazu herangezogen werden:

1) Jeder hat das Recht, seine Meinung in Wort,
Schrift und Bild frei zu äußern und zu verbreiten
und sich aus allgemein zugänglichen Quellen
ungehindert zu unterrichten. Die Pressefreiheit und

die Freiheit der Berichterstattung durch Rundfunk und Film werden gewährleistet. Eine Zensur findet nicht statt.

(2) Diese Rechte finden ihre Schranken in den Vorschriften der allgemeinen Gesetze, den gesetzlichen Bestimmungen zum Schutze der Jugend und in dem Recht der persönlichen Ehre.

(3) Kunst und Wissenschaft, Forschung und Lehre sind frei. Die Freiheit der Lehre entbindet nicht von der Treue zur Verfassung.

Jedermann darf also jeden kleinen oder noch so großen Unsinn denken, sagen und schreiben - das Schlimmste, was ihm blühen kann, ist die Missachtung der anderen.

## Wissensschnittmengen mit anderen

Ein Eremit ohne weiteren Kontakt mit Menschen kann sich jedes Maß an Dummheit problemlos leisten, weil Dummheit erst in der Interaktion mit anderen erkennbar und wirksam wird. Ob einem ein Mensch dumm vorkommt hängt wesentlich von der Größe des gemeinsam nutzbaren Wissens ab. In entwickelten Kulturen ist es die Aufgabe der allgemeinbildenden Schulen, diese Schnittmengen möglichst groß zu gestalten. Natürlich wäre es Unfug, ein „Abitur für alle" anzustreben, dafür sind die Anlagen und Absichten der Menschen zu unterschiedlich. Aber ein mehrstufiges System mit Hauptschulabschluss, Mittlerer Reife, Fach- und Vollabitur kommt dem Ideal sicher schon recht nahe, wenn der Hauptschulabschluss mindestens auf dem Niveau des früheren Volksschulabschlusses liegt und ein Optimum an Durchlässigkeit zwischen den einzelnen Systemen gewährleistet ist.

## Dummheit und Sozialisation

Neben der Veranlagung entsteht Dummheit auch durch Denkfaulheit, Lethargie, Fatalismus, Gewohnheit. Oder wenn man sich bewusst der Wahrheit verschließt, weil sie einem unangenehm sein könnte. Wenn Gottfried Benn Recht hat mit der Bemerkung: „Glücklich, wer dumm ist und Arbeit hat", dann versteht man die Mitmenschen, die sich gerne Scheuklappen aufsetzen (lassen).

In der Bibel finden wir: „Selig sind die Armen im Geiste, denn ihrer ist das Himmelreich[1]". Man ahnt dumpf, wie man sicher in den Hafen der Glückseligkeit kommen kann.

Durch Kindheitsprägung (Sozialisation) ist das Dummheitspotential eines Individuums leicht zu manipulieren. Wenn man möglichst viele der verkündeten „Weisheiten" mit Wertungen wie

- das hat Gott verboten
- das tun nur böse Menschen
- dann holt Dich der Teufel
- dann brätst Du ewig in der Hölle
- dann müssen sich Deine Eltern ewig für Dich schämen
- das ist wider die Natur
- Leute, die Kommunisten wählen, gehen nicht in die Kirche, kommen nicht in den Himmel und wollen unser Haus stehlen

dann bleiben alle möglichen Denkverbote automatisch bedarfsgesteuert ein Leben lang aktiv. Tiraden über angeblich unchristliche Parteien soll es auch noch heute geben.

## Dummheit in der fremdbestimmten Gesellschaft

Vielleicht hilft uns das dreigliedrige Gesellschaftsmodell von Riesman weiter[2], welches wir im Kapitel „Das Geheimnis der Sozialisation" bereits kennen gelernt haben. In der traditionsgeleiteten Gesellschaft soll ja alles möglichst beim Alten bleiben, es gibt also deutlich weniger Anreize zum Querdenken oder zu einer Verbesserung des Auffassungsvermögens. Man darf also in einer solchen Gesellschaft ein gegenüber der innengeleiteten Gesellschaft höheres „Dummheitspotential" vermuten.

Ähnlich sieht es in der fremdbestimmten Gesellschaft aus. Vor allem die Medien zwingen die Menschen in ihre spezielle Denkungsart hinein, vor TV-Gerät und Computer werden sich die Wenigsten zum Vorgebrachten so mal eben eine Alternative ausdenken. Man hockt passiv vor dem Bildschirm. Selbständiges Denken wird von den Berieselten als eher anstrengend empfunden, und dies vor allem dann, wenn das Vorgebrachte psychologisch geschickt aufbereitet den Zielen der Werbung für Produkte und Dienstleistungen dient. Es ist unbestreitbar ein Ziel dieser Form der Fremdbestimmung, den Konsum als eine Art Ersatzreligion mit allen Merkmalen von Abhängigkeit und individueller Glücksfindung zu manifestieren. Die meisten merken diese versteckte Manipulation überhaupt nicht mehr. Ich bin davon überzeugt, dass das Dummheitspotential der fremdbestimmten Gesellschaft das der traditionsbestimmten noch deutlich übersteigt.

### Sind Juden schlauer als andere?

Schauen wir uns dazu einmal die kulturelle Herkunft der 876 Nobelpreisträger[3] an, die von 1901 bis 2013 ausgewählt wurden. Den mit Abstand höchsten Beitrag stellen

mit rund einem Viertel die Juden[4]. Setzt man dies zum Anteil der Juden an der Weltbevölkerung in Relation, so
kommt auf 140 Tausend Juden ein Nobelpreisträger, bei
Christen sind es 5 Mio. und für Menschen arabisch/
muslimischer Herkunft 140 Mio. Die religiös bedingte
Wissenschaftsferne dieses Kulturkreises hat bisher nur acht
Nobelpreisträger hervorgebracht, davon nur zwei in einer
naturwissenschaftlichen Disziplin.

Über die Ursachen lässt sich trefflich spekulieren: Haben
die Juden auf geheimnisvolle Weise Einfluss auf die Nobel-
preis-Komitees? Blanker Unsinn bei der Zusammensetzung
dieser Gremien. Haben die Jahrhunderte andauernden Pog-
rome vor allem durch Christen eine Art „Auslese der höher
Begabten" bewirkt? Auch das ist zu bezweifeln. Intelligenz
wird nur eingeschränkt weitervererbt; hier spielen weniger
die Gene eine Rolle als die Umgebung, die der Heranwach-
sende vorfindet[5]. Und damit stoßen wir auf die wahre Ursache der „jüdischen Bildungsexplosion": Vor allem die
europäischen Juden, die Aschkenasim[6], mussten wegen
zahlreicher Berufs- und Betätigungsverbote seitens der
christlichen Mehrheit auf Nischen ausweichen, zu denen
auch das Finanzwesen zählte. Man erkannte rechtzeitig,
dass die Überlebenschancen stark vom Bildungsstand
anhängig waren und so investierten die Juden wesentlich
mehr in die Ausbildung ihrer Heranwachsenden als es die
Christen taten. Trainiert wurde dabei nicht nur das Ansam-
meln von Wissen, auch Kommunikations- und
Analysetechniken wie z. B. die kritische Untersuchung von
Texten wurden gefördert. Hier zeigt sich ein wesentlicher
Unterschied zwischen Juden und Christen: Gehört die kritische Auseinandersetzung in dialektischer Form zum

normalen Thorastudium, war die Bibelexegese durch Laien von der Kirche eher unerwünscht. Sind Denkverbote bei Juden eher unbekannt, bestimmten sie den christlichen Alltag.

Ich habe zu Beginn dieses Abschnitts die Situation bei den Nobelpreisen herausgestellt und man könnte einwenden, dass wir es hier ja nur mit einer zahlenmäßig nicht so sehr ins Gewicht fallenden Elite zu tun haben. Weit gefehlt: Die Nobelpreise sind nur die Spitze eines gigantischen Begabten-Eisbergs, denn wir finden Juden auch in den nächst niedrigeren Rängen als Unternehmer, Ärzte, Naturwissenschaftler, Literaten, bildende Künstler und Schauspieler.

Folgendes Zitat erklärt treffend die Ursachen: „Die Erklärung des Phänomens liegt unter anderem in der Aufgeschlossenheit des jüdischen Bürgertums gegenüber allen Formen höherer Bildung. In den Biografien und Autobiografien jüdischer Forscher findet man immer wieder Hinweise auf ein Elternhaus, in dem Musik, Literatur und Naturwissenschaften gleichermaßen gefördert wurden - eine Erziehung jedenfalls, von der heute Millionen wohlstandsverwahrloster Jugendlicher nur träumen können."[7]

Die Juden sind also im Kampf gegen die Dummheit erfolgreicher als alle anderen; die Waffen sind: Wissen und Technologie[8] - was man ihnen eigentlich nicht zum Vorwurf machen kann. Diese Qualifikationen auf den Status eines von Gott auserwählten Volkes zurückzuführen, wie man es bisweilen hört, widerspricht der Vernunft und den Regeln der Evolution: Es gibt kein Juden-Gen - aber auch kein Nazi-Gen! Der jüdische Beitrag zur Entwicklung der Menschheit in Naturwissenschaft, Literatur und Kunst ist außergewöhnlich und äußerst positiv zu bewerten; an dieser Bewertung ändern auch die wenigen „Schwarzen Schafe" aus der Finanzwirtschaft[9] [10] nichts.

Halten wir fest: Das Begabungspotential ist über alle Menschen und ethnische Gruppen annähernd gleich verteilt[11]. Um es zu erwecken ist es jedoch erforderlich, bereits in der Sozialisationsphase statt religiöser Indoktrination eine breit angelegte Förderung des Wissens über möglichst alle Disziplinen den Heranwachsenden zu bieten und die angeborenen Talente maximal zu nutzen.

## Sonderfall USA

Die Vereinigten Staaten von Amerika eignen sich aus verschiedenen Gründen besonders gut für eine Darstellung des Zusammenhangs von Bildungsstand, Religiosität und Identifikation des Durchschnittsbürgers mit den politisch Handelnden und der Sozialisierung.

Vorweg eine Klarstellung: Sicher gibt es auch andere Staaten mit ähnlichen oder noch schlimmeren Problemen. Aber als (noch) größte Wirtschaftsmacht der Erde prägen die USA nicht nur das Geschehen innerhalb der Ökonomie, sie beeinflusst massiv mit einem Hang zum Moralisieren andere Kulturen in ihrem Sinne - oder versucht es zumindest. Das macht mir Angst und wir Europäer müssen es lernen, unsere Wertvorstellungen gegen diese Einflüsse zu verteidigen.

Zur Klarstellung gehört aber auch, dass insbesondere wir Deutschen zum Dank gegenüber den USA bei der Beseitigung der Naziherrschaft und dem Aufbauprogramm unmittelbar nach dem 2. Weltkrieg verpflichtet sind. Dass es die Bundesrepublik Deutschland in der heutigen Form und hochangesehen in der Weltgemeinschaft der Staaten gibt, haben wir durchaus auch den Amerikanern zu verdanken. Ich war in meiner frühen Jugend sicher nicht der einzige Junge, der begeistert in die USA blickte. Aber seit diesen Zeiten hat sich einiges langsam verändert.

Ein kleines polemisches Zwiegespräch mit Joe, dem Durchschnittsamerikaner, soll dies verdeutlichen.

*„Hi Joe, Du bist ja so stolz auf Dein Country, dass Du Mühe hast, andere Länder überhaupt zur Kenntnis zu nehmen. Immer seid Ihr die Größten, Schnellsten, Schönsten und Reichsten der Erde und man hat Dir von Kindheit an beigebracht, dass nicht nur jeder von Euch die Chance hat, zu dieser Spitzenklasse zu gehören sondern dass das nur wegen Eures speziellen Way of Life funktioniert: Vom Schuhputzer zum Millionär oder vom Garagenbastler zum Chef weltgrößter IT-Unternehmen. Die meisten Nobel-Preisträger, vor allem die aus den Wirtschaftswissenschaften, sind von Deiner Nationalität. Eure Firmen führen fast alle Ranglisten an und agieren weltweit. Da müsste man doch annehmen, dass Ihr auch in den breiten Bevölkerungsschichten in Sachen Allgemeinbildung gut aufge-stellt seid und Eure Politiker so rechte Vorbilder für den Rest der Welt abgeben.*

*Weit gefehlt. Eure allgemeinbildenden Schulen liegen im internationalen Vergleich weit abgeschlagen auf den hinteren Plätzen – und das bei einer der reichsten Nationen der Erde! Während ihr im Bereich der Universitäten Weltklasse seid, ist das, was Euer allgemeines Schulsystem bietet, auch nach Meinung Eurer eigenen Wirtschaftsführer unter jedem akzeptab-len Niveau[12]. Traurig, aber die reichste Nation hat gemessen an ihren Möglichkeiten eine nur wenig gebildete Bevölkerung!*

*Aber warum ist das so? Dazu muss ich etwas ausholen, Dear Joe. Euer politisches System kennt nur zwei Parteien, die sich verglichen mit den Parteien, die z.B. Michel und Marianne (weißt Du überhaupt, wer damit gemeint ist?) kennen, nur wenig unterscheiden. Die Leitlinien zur Bildung werden jedoch nicht so sehr in der Hauptstadt, sondern in den einzelnen Bundesstaaten und auch in den einzelnen Gemeinden entschieden. Und gerade dort sind es religiöse Gruppierungen, die den Ton angeben. Da herrschen oft christliche Fundamentalisten, die man in anderen Ländern schon längst ins Abseits drängen konnte.*

*Diese Phase hat man in Old Europe schon lange überwunden. Religiöse Gruppierungen neigen dazu, die Masse der Schäfchen eher dumm zu halten, damit sie leichter zu beherrschen sind.*

*Schauen wir uns nun die politische Elite etwas genauer an und analysieren wir einmal Kriege, die in den letzten Jahrzehnten unter Führung Deines Landes geführt wurden: Der Diktator Sadam Husein sollte beseitigt werden, weil er über Massenvernichtungswaffen verfügt. Wir wissen heute, dass Dein Land die Weltöffentlichkeit hinters Licht geführt hat, denn der Irak besaß solche Waffen überhaupt nicht. Was es dagegen gab waren religiöse Konflikte innerhalb muslimischer Gruppierungen und anderen (auch Christen), die von Sadam Husein brutal aber wirksam unterdrückt wurden. Nach Huseins Tod und dem Ende des Krieges bestimmen Terror und bürgerkriegsähnliche Zustände das Land. Tendenz: Schlimmer werdend! Die Menschen leben weniger sicher als vor dem Krieg und wer es kann, verlässt seine Heimat.*

*Auch in der Kriegstechnik seid Ihr die größten: Ihr habt als erste und bisher einzige Macht die Atombombe eingesetzt und damit 1945 nur wenige japanische Krieger, aber über 200.000 Zivilisten umgebracht. 1954 habt Ihr die erste Wasserstoffbombe mit der tausendfachen Wirkung der Hiroshima-Bombe im Bikini-Atoll[13] getestet mit dem Effekt, dass diese Inseln bis heute noch nicht bewohnbar sind und es wahrscheinlich nie mehr sein werden. Euer Umgang mit den Urbewohnern dieses Atolls ist, ge-*

*linde ausgedrückt, beschämend. Ich nenne es schlicht dreist, wie Ihr den Rest der Welt als Eure beliebig nutzbare Spielwiese betrachtet.*

*Ähnlich „effektiv" seid Ihr im Vietnamkrieg ab 1962 mit der großflächigen Entlaubung ganzer Landstriche durch chemische Keulen gewesen, die neben hunderttausenden von Vietnamesen auch 200.000 Eurer Soldaten traf und bis heute nachwirkt. Die Liste ließe sich noch fortführen[14].*

*Bitter, aber wahr ist, dass nicht die von Euch als „Schurkenstaaten" bezeichneten Länder wie Nordkorea, Iran, Sudan oder Syrien die Kriegstechnologie auf die Spitze getrieben und vor allem auch angewendet haben, sondern Euer God's own Country Amerika.*

*Warum ist das so? Der Krieg wurde von Politikern und Strategen beschlossen, denen man durchaus eine eingeschränkte Allgemeinbildung insbesondere bezüglich der ethnischen und religiösen Besonderheiten eines Landes bescheinigen kann und die nicht die Fähigkeit haben, vor wichtigen Entscheidungen auf Eure weltbesten Universitäten und deren Wissen zurückzugreifen. Wenn man die z. B. Grundzüge des Islam und den Unterschied von Sunniten und Schiiten nicht kennt, ist es einfach dummes Zeug, zur Befriedung die Einführung der Demokratie als Ziel vorzugeben. Oder geht es bei den meisten Eurer Kriege nur einmal mehr darum, der amerikanischen Waffenlobby einen Gefallen zu tun?*

*Joe: Du und die vielen Millionen fleißigen worker erarbeiten die riesigen Steuereinkünfte, die aber statt in ein angemessenes Schulsystem in das Militär gesteckt werden. Und die Reichen werden noch reicher und die Armen noch ärmer[15].*

*Nebenbei bemerkt, sitzen in keiner zivilisierten Nation so viele Menschen im Gefängnis wie bei Euch. So saßen im Jahr 2009 von 100.000 Einwohnern der USA 751 in einem Gefängnis, das ist*

*weltweit einer der höchsten Werte. Zum Vergleich: In Deutsch-*
*land sind es 88, etwas unter dem Durchschnitt aller europäischen*
*Länder[16].*

*Auch hier seid Ihr die Größten: Die erste große*
*Weltwirtschaftskrise von 1927 war ebenso auf Eurem Mist*
*gewachsen wie die (vorläufig) letzte von 2009. Was stört es Euch,*
*wenn der Rest der Welt durch das egoistische Handeln Eurer*
*Finanzmanager an den Rand eines Kollapses gerät.*

*Irgendwie passt es, dass Eure Wirtschaftsstrategen jetzt auch*
*beginnen, Euer eigenes Land für kommende Generationen*
*unbewohnbar zu machen. Ich denke hier an die Auswüchse der*
*Gentechnik und den gnadenlosen Einsatz von Unkraut- und*
*Schädlingsbekämpfungsmitteln. Die massive Veränderung der*
*Gene von Pflanzen (und später vielleicht auch von Tieren oder*
*gar von Menschen?) ist ein unüberschaubarer Eingriff in die*
*Mechanismen der Natur. Ihr missachtet, dass die Pflanzen und*
*andere Organismen, die für die Agrarmanager Unkraut sind,*
*immer auch Lebensraum bieten für andere wichtige Bestandteile*
*unseres Biotops Erde. Das alles ist über Jahrmillionen Evolution*
*genau so geworden, wie wir es vorgefunden haben. Da aber bei*
*euch der größeren Teil der Bevölkerung die Gesetze der Evolution*
*zugunsten eines irrationalen Kreationismus ignoriert, wundert es*
*nicht, dass das Verständnis für diese Zusammenhänge fehlt. Ich*
*bin mir sicher, dass die Natur hier zurückschlagen wird: Auf*
*giftresistente Nutzpflanzen wird sie mit giftresistentem Unkraut*
*antworten. Am Ende habt ihr dann die gleiche Situation wie zu*
*Beginn eurer Eingriffe, nur treiben ihr dies auf einem wesentlich*
*höheren Giftniveau.*

*Bei all eurem Forschergeist habt ihr (und leider haben auch*
*zunehmend wir) immer noch nicht so recht verstanden, wie der*
*fruchtbare Ackerboden aus Humus und lebenden Organismen*

*entstanden ist und fortlebt. Zum Entstehen brauchte diese unsere Lebensgrundlage Millionen von Jahren, zerstört ist er leicht in nur einer Menschengeneration. Und wo der Ackerboden einmal verschwunden ist, bleibt auf ewig Wüste und karges Gestein. Da hilft dann auch kein 'In God we trust'.*

*Joe, pass auf, dass Euer gelobtes Land nicht zum 'devils own country' verkommt."*

Es ist hier nicht der Ort, um auf die Ursachen des Auseinanderlebens zwischen Europäern und US-Amerikanern einzugehen. Unser Thema ist das Erbe der Trugbilder. Das Verhältnis der meisten Europäer zu Gott und Religion ist in wesentlichen Punkten anders als das der US-Amerikaner, die ungleich stärker an eben diesen Trugbildern hängen. Nimmt man noch die Unterschiede im Bildungssystem dazu, kann man auch eine andere Einstellung zum politischen System vermuten. Schauen wir uns zum Abschluss einmal verkürzt die drei Grundprinzipien US-amerikanischer Politik etwas genauer an:[17]:

*Oligarchie:* Es herrscht nur eine äußerst dünne Schicht alteingesessener Familien und nicht zu vergessen die Lobbyisten aus allen Bereichen der Wirtschaft.

*Populismus:* Die Menschen mit mittlerem und geringen Einkommen sollen das Treiben der oberen nicht durchschauen und ihr Wissenshorizont wird mit Hilfe eines nur die Elite fördernden Bildungssystems künstlich eingeengt (s. weiter oben). Die Weltsicht wird wesentlich über die privaten, gewinnorientierten Medien gestaltet und Kritik wird möglichst als „unamerikanisch" dargestellt.

*Geheimpolitik* gibt es natürlich in allen Staaten und ist bisweilen auch nicht zu vermeiden. Aufgrund der größenbedingten Führungsrolle der USA ist sie jedoch wei-

ter verbreitet als in jeder anderen westlichen Demokratie[18].
Ein aktuelles Beispiel ist das von vielen Europäern als
bedrohlich empfundene, weil demokratiefeindliche
Freihandelsabkommen: Es entsteht als Geheimaktion. Das
Verhalten macht auf erschreckende Weise deutlich, wie
wenig die politische und wirtschaftliche Elite der USA von
der Demokratie hält.

So wird leicht verständlich, warum in den USA wenig
gegen den zutiefst unchristlichen Raubtierkapitalismus
„Predatory capitalism" unternommen wird: Er hilft den
„Oberen Zehntausend" und wird von den „Unteren Millionen" mangels Bildung nicht als solcher erkannt.

Wie weit die Entfremdung zwischen Europa und den
USA bereits fortgeschritten ist, zeigt die Reaktion der
Amerikaner auf die Spionagevorwürfe seit Anfang 2014.
Herrscht in Deutschland auch beim „kleinen Mann" auf der
Straße größtes Unbehagen über die amerikanischen
Schnüffeleien, versteht der Durchschnittsamerikaner die
deutsche Aufregung überhaupt nicht. In einer im wesentlichen fremdbestimmten Gesellschaft wie der US-amerikanischen (s. Kap. „Das Geheimnis der Sozialisation") toleriert
der Einzelne durchaus eine Einmischung von oben, vor
allem dann, wenn sie ihm als notwendiger Bestandteil einer
Sicherheitsmaßnahme verkauft wird. Dass die Amerikaner
so den latent vorhandenen Antiamerikanismus weiter schü-
ren, will „Joe" absolut nicht in den Kopf. Wir Europäer haben uns, bedingt auch durch die Geschichte der letzten 100
Jahre, eine hohe Sensibilität gegenüber staatlicher Kontrol-
len bewahrt, die durchaus gelegentlich auch in zivilen
Ungehorsam umschlagen kann. So haben wir uns doch
mehr als „ein wenig" auseinandergelebt [19].

Man kann dem Durchschnittsamerikaner durchaus ein naives Staatsverständnis unterstellen. Ich habe auf meinen vielen Reisen durch die Welt öfter die Bemerkung gehört, dass der „Durchschnittsamerikaner" ein durchaus netter, sympathischer Typ mit recht kindlichem Gemüt sei!"

Zum Schluss unserer USA-kritischen Betrachtung noch ein treffendes Zitat: „Dummheit gepaart mit Macht und religiös verkleidet zeigt sich (hier) als der eigentliche größte Feind der Menschheit[20]".

## Hinweise und Quellen

[1] Matth. 5, 3

[2] Riesman, D. u. a. ; Die einsame Masse. Rowohlts Deutsche Enzyklopädie 1986

[3] wikipedia Stw. „Nobelpreis", Stand Mai 2014. Bisher wurden 561 Verleihungen vorgenommen. Wegen der Mehrfachvergaben sind insgesamt 876 Preisträger in den Disziplinen Medizin, Physik, Chemie, Frieden, Literatur und Wirtschaft geehrt worden

[4] http://www.weltwoche.ch/ausgaben/2013-42/juedische-intelligenz-dieweltwoche-ausgabe-422013.html

[5] http://www.spektrum.de/rezension/ist-intelligenz-erblich/1156977

[6] Wikipedia Stw. „Aschkenasim", Stand Juni 2014

[7] „Jüdische Nobelpreisträger" in http://www.scientific.at/2002/roe_0240.htm

[8] http://www.bilanz.ch/unternehmen/islam-wachstumsbremse: Zitat des Predigers Yusuf Al-Qaradawi

[9] Bernie Madoff betrog seine Klienten um 65 Mrd. UDS-$. Sitzt im Gefängnis („150 Jahre Haft")

[10] Paul Singer versucht mit Hilfe der US-Amerikanischen Justiz Argentinien in die Knie zu zwingen. Aus: http://www.spiegel.de/politik/deutschland/hedgefonds-paul-singer-zwingt-argentinien-zur-zahlung-a-978916.html. Gründer und CEO eines Hedgefonds. Sein Vermögen wird auf 1,1 Mrd. US$ geschätzt. Unterstützt die Republikaner. Hatte vor der Insolvenz Argentiniens Staatsanleihen zu günstigsten Konditionen gekauft und lässt nun argentinische Vermögenswerte in der ganzen Welt beschlagnahmen. Der von ihm angestrebte Gewinn soll über 1600 % in 6 Jahren betragen

[11] Roth, Gerhard, Prof. Dr.: Interview in GEOkompakt

[12] wikipedia Stw. Bildungssystem in den Vereinigten Staaten. Stand Oktober 2013

[13] zeit-online vom 1. 03.2014: Gedenkfeiern zum 60. Jahrestag des Kernwaffentests auf Bikini-Atoll. Dieser Gedenktag wurde in zahlreichen Tageszeitungen gewürdigt. Details s. a. wikipedia.

[14] Ritter, Th.: USA, Der lächelnde Kanibalismus. Niddatal 1988. Gefunden in:" http://www.geheimpolitik.de/Artikel/Ritter-usa.htm", stand Juni 2014

[15] Eine der statistischen Kenngrößen für die Einkommensverteilung einer Volkswirtschaft ist der Gini-Index, der zwischen 0 % (alle haben gleich viel) und 99,99 % (einer hat alles, alle anderen haben nichts) liegt. In den meisten europäischen Staaten liegt er unter 30 %, in den USA und China bei fast 50 % mit steigender Tendenz.

[16] wikipedia Stw. Gefangenenrate, Stand Anfang 2014

[17] Hermann Ploppa: USA: Demokratie oder Herrschaft der Wenigen? Sterup, Dezember 2004, veröffentlicht u. a. in http://www.staff.uni-marburg.de/~naeser/oligarch.htm. Unter diesem Stw. eine Vielzahl weiterer Veröffentlichungen

[18] Dean, John: Das Ende der Demokratie. Die Geheimpolitik des G. W. Bush. Propyläen 2004

[19] Unterschiedliches Staats-, Demokratie- und Wirtschaftsverständnis: Die meisten Staaten Europas verfügen über ein System von beitragsfinanzierten, von Interessengruppen unabhängigen Medien mit einem vom Gesetzgeber formulierten Bildungsauftrag. Die Werbung spielt hier nur eine untergeordnete Rolle. Kritische Information wird ebenso gefördert wie die Fähigkeit der Konsumenten zur konstruktiven Kritik.
Es gibt zumindest in deutschen Grundgesetz eine Sozialpflichtigkeit des Eigentums: „Eigentum verpflichtet. Sein Gebrauch soll zugleich dem Wohle der Allgemeinheit dienen." Daraus lässt sich herleiten, dass es nicht die primäre Aufgabe von Unternehmungen ist, maximale Gewinne für die Eigentümer zu erwirtschaften, sondern die Bereitstellung von Produkten und Dienstleistungen zu einem angemessenen Preis, die Berücksichtigung der Interessen der Allgemeinheit (z. B. Umweltschutz und Sicherheit), die langfristige Sicherung des Unternehmensbestandes und nicht zuletzt die angemessene Entlohnung der Mitarbeiter. Der Gewinn dient in erster Linie der Erfolgskontrolle.
Das Demokratieverständnis ist recht unterschiedlich. In den USA als präsidentielle Demokratie wird zwar der Präsident demokratisch gewählt (Kommentar weiter unten), als Staatsoberhaupt ist er gleichzeitig Oberbefehlshaber mit weitgehenden Rechten.
Man kann darüber streiten, wie demokratisch eine Präsidentenwahl in den USA in Wirklichkeit ist. Zunächst erscheint es einem Europäer äußerst bedenklich, dass ein Präsidentschaftskandidat seinen Wahlkampf selbst finanzieren muss und folglich in Millionenhöhe auf die Spenden von Interessengruppen angewiesen ist. Der Wahlkampf ist dann entsprechend weniger durch ein detailliertes Wahlprogramm als durch den Grad an Medienwirksamkeit des Kandidaten geprägt.

[20] Lamprecht Harald in http://www.confessio.de/cms/website.php?id=/religionheute/religionskritik/schwaermende_religionskritik.html, Abschnitt „Selbstgerechtes Christentum". Dort auch Zitate aus Schätzing, Frank: „Der Schwarm", Kiepenheuer & Witsch, Köln

# 7. Spiritualität, Religion, Gott

Das Wort Gott ist für mich nichts als Ausdruck und Produkt menschlicher Schwächen, die Bibel eine Sammlung ehrwürdiger aber doch reichlich primitiver Legenden. Keine noch so feinsinnige Auslegung kann (für mich) etwas daran ändern.

ALBERT EINSTEIN [1]

Aber so ein Gott Jehova, der zum Vergnügen und mutwillig diese Welt der Not und des Jammers hervorbringt und dann noch gar sich selber Beifall klatscht mit »Alles war sehr gut« (Moses, 1,31): Das ist nicht zu ertragen.

ARTHUR SCHOPENHAUER[2]

Wenn es Auschwitz gibt, kann es Gott nicht geben.

PRIMO LEVI[3]

## These

Die Spiritualität wurde im Laufe der letzten Jahrhunderte recht unterschiedlich definiert. Galt sie ursprünglich als geistige Voraussetzung für Religiosität, trennen die Philosophen unserer Zeit Religion und Spiritualität deutlich voneinander. Heute ist sie - zumindest in religionsneutralen Abhandlungen - definiert als eine Lebenseinstellung, die auch in rein säkularer Form gelebt werden kann. Sie ist in unterschiedlicher Intensität jedem Menschen angeboren und im Laufe der Evolution geformt worden. Vor allem aber ist sie in jedem Individuum nach innen gerichtet und - einmal abgesehen von bestimmten Formen der Meditation - nicht einfach mit anderen kommunizierbar.

Religionen haben immer versucht, diese Spiritualität zu organisieren und für ihre Zwecke zu benutzen. Meist wird sie umfunktioniert in eine angeblich angeborene Religiosität, die dann in der Logik der Religionsschöpfer nicht evolutionär entwickelt, sondern von dem jeweiligen Gott jedem einzelnen „Auserwählten" eingepflanzt wurde. Gott kann dann beliebig als Drohkulisse aufgebaut werden, um Abweichler frühzeitig in die gewünschte Bahn zu lenken und bei Bedarf auch eine „Waffe" zu haben, solche aus der Gemeinschaft zu entfernen. Die Berufung auf Gott als dem Erfinder der jeweiligen Religion erleichtert es, auch ungeliebte Normen durchzusetzen.

# Denkanstöße zur These

### Naive Spiritualität

Erst einmal wieder ein persönliches Erlebnis. Ich stand kurz vor der Geburt meines ersten Enkels und alle in der Familie sahen aufgeregt diesem freudigen Ereignis entgegen. Die Mediziner prognostizierten einen komplikationsfreien Verlauf der Geburt.

Da passierte mir etwas Unerwartetes: Ich ging eines Abends in die katholische Kirche unserer kleinen Stadt, zündete eine Kerze an und bat eine unbekannte Instanz um einen glücklichen Verlauf der Geburt. Diese Instanz war weder Christus, noch Gott noch der Heilige Geist, es war irgend etwas „da oben".

Die Geburt verlief wie gewünscht und alle waren glücklich.

Was war das? Sollte sich etwa meine katholische Sozialisation doch noch einmal gemeldet haben? Gab es da noch Reste von kindlicher Frömmigkeit oder meldete sich vielleicht sogar ein schlechtes Gewissen? Lange Zeit hat mich das beschäftigt, das Ergebnis war die Erkenntnis, dass es unabhängig von der Religion - die ein Atheist ja per se nicht hat - da noch etwas universelles, allen Menschen gemeinsames geben muss, das einen auch einmal an die Grenze zum Mystischen gleiten lässt: Meine Neugier auf die Spiritualität war geboren. Ich bin mir sicher, dass kein Geistwesen irgend einer Schattierung für die gelungene Geburt gesorgt hat, aber meine innere Unruhe war beseitigt.

### Verschiedene Definitionen für Spiritualität

Im Duden steht knapp: „Geistigkeit; inneres Leben, geistiges Wesen" mit dem Antonym „Materialität". Schaut man in eines der zahlreichen Standardnachschlagewerke, dann finden wir auch Schlagwörter wie „(christliche) Frömmigkeit" und „Esoterik", in vielen Fällen aber einen direkten Bezug auf eine Gottheit. Es kann durchaus auch der Eindruck entstehen, dass das Wort „Spiritualität" zu einem Modewort degeneriert ist. Demnach scheint die Spiritualität für Atheisten nicht relevant zu sein.

Weit gefehlt! Auch für einen Atheisten gibt es eine Geistigkeit, die sich durchaus von der eines gottgläubigen Menschen unterscheiden kann und muss.

In einer Information[4] von Tzvi Freeman habe ich die folgenden Erläuterungen zur Spiritualität gefunden (gekürzt):

> "Spirituell" betrifft alles, was keiner realen Messung standhält. Haben Sie jemals versucht, die Intensität der Liebe einzustufen, oder eine Idee zu kategorisieren? Wir sehen zwar ihre Symptome und

Auswirkungen, die wir sogar bis zu einem gewissen Grad erfassen, doch lassen sich Emotionen und Ideen selbst in keiner Weise messen, - nicht, weil uns die geeigneten Werkzeuge fehlen, sondern weil Emotionales von Natur aus nicht messbar ist. Es gehört zu jenen Dingen, die von Psychologen und Soziologen als nicht zählbar beklagt werden, trotzdem aber am meisten zählen. .... Die am häufigsten verwendete Metapher für den Ausdruck der Spiritualität ist deshalb das Licht. Von allen physischen Phänomenen ist Licht das am schwersten fassbare. Wir können das Licht selber nicht sehen, sondern nur die Gegenstände, die das Licht widerspiegeln. Doch ohne diese Gegenstände bleibt das Licht für uns nicht wahrnehmbar: Licht ist weder zu hören, zu riechen, zu schmecken, zu berühren noch zu sehen. ... Spiritualität ist ständiger, wenn auch nicht erfassbarer Bestandteil unseres Daseins. Unser tiefgründiges Wissen über Spiritualität stammt von jenen besonderen Menschen, die zu außerordentlichen dem gewöhnlichen Menschen nicht erschließbaren Erfahrungen fähig sind."

Auch die folgende Feststellung von Joachim Kahl[5][6] überzeugt mich:

„Spiritualität ist nicht identisch mit Religiosität oder Esoterik, sondern kann – in einer bestimmten Gestalt – einhergehen mit taghellem Bewusstsein, kritischer Vernunft, geistiger Klarheit und intellektueller Redlichkeit. Ein spirituell vertiefter Humanismus baut Brücken zu einer einflussreichen Strömung des Zeitgeistes und erleichtert insofern das Gespräch mit suchenden Menschen verschiedener Milieus und weltanschaulicher Richtungen."

Treffend formuliert J.-E. Berendt[7]: „Spiritualität, die religio perennis[8], braucht nicht offenbart zu werden, sie ist in uns - in unseren Genen, in unseren Zellen, in unserem Geist. Sie ist - in dem Sinne, in dem C. G. Jung dies erklärt hat - Archetypus[9]."

Wir tasten uns näher an diese Phänomene heran. Berendt sagt weiter[10]:

„Religion *bekämpft* das Böse. Wie wir alle wissen und über die Jahrtausende immer wieder erfahren haben, ohne Erfolg.

Spiritualität *erfährt* das Böse als Irrweg und Entartung des Guten. Sie geht zurück zu dem Punkt, wo Gutes in Böses umgeschlagen ist, sucht den Grund dafür zu erkennen und dadurch einen Prozess der Wandlung einzuleiten. Sie bekämpft nicht, sie transformiert."

Eine radikale Definition von Spiritualität bietet der Mainzer Philosoph Thomas Metzinger[11] (in Auszügen und gestrafft zitiert):

„Spiritualität ist eine Eigenschaft von Personen, die nicht *glauben* sondern *wissen* wollen. ..... Unbestechlichkeit ist der semantische Kern der Spiritualität. ..... Intellektuelle Redlichkeit: Eigenschaft von Personen, die nicht bereit sind, sich selbst etwas in die Tasche zu lügen. Genau das, was die Vertreter organisierter Religionen nicht haben können(!). Bedingungsloser Wille zur Wahrheit, auch wenn es um Selbsterkenntnis geht. Es geht also um

intellektuelle auch moralische Integrität (Redlichkeit, Ehrlichkeit, Unbestechlichkeit, Zuverlässigkeit),
kurz: Gewissenhaftigkeit..."

Bei dieser Definition schaffen es wahrscheinlich nur wenige Menschen, wirklich spirituell zu sein. Da Metzinger
unterstellt, dass die Vertreter religiöser Institutionen
prinzipiell nicht  über die zur Spiritualität gehörende
intellektuelle Redlichkeit verfügen, ist Spiritualität also das
Gegenteil  von  Religion  und  eher  mit  einem
wissenschaftlichen Denken verwandt.

Ich nenne hier gegen Ende der kleinen Recherche zur
Spiritualität noch Dean Hamers Werk mit dem reißerischen
Titel „Das Gottes Gen"[12]. Der Autor stellt zwar fest, dass es
kein Gottes-Gen gibt, aber er beschreibt eine natürliche
Veranlagung zur Spiritualität, die bei den Menschen höchst
unterschiedlich ausgebildet ist und nach seiner Auffassung
tatsächlich auf einem Gen beruht. Die Forschung ist hier
noch voll in den Grundlagen. C. R. Cloninger hat dazu
einen  Persönlichkeitstest [13]  entwickelt,  der  über  den
persönlichen Grad an Spiritualität Auskunft gibt. Die Skala
der Bewertung reicht von „Sehr spirituell, ein richtiger
Mystiker" bis zu „Skeptiker mit geringer spiritueller
Einstellung".

Eine wie ich glaube zutreffende und trotzdem „handli-
che" Umschreibung des Begriffes „Spiritualität" habe ich in
Anselm Grüns spiritueller Zeitschrift *einfach leben* gefunden.
Dort wurde eine Umfrage zu diesem Thema ausgewertet[14]
und ich gebe hier, etwas gekürzt, die nach meiner Meinung
wichtigsten Stichwörter in alphabetischer Folge wieder:

„Achtsamkeit in jeglichem Tun - Aufmerksamkeit -
Bescheidenheit - Besinnung auf Wesentliches –

Dankbarkeit - das Leben leben (es aber gleichzeitig auch tiefer verstehen) - Dinge mit anderen Augen sehen - Entschleunigung - Entspannung - Erfahrung von Stille und Geborgenheit - Freiheit und Lebenssinn - Freude an den kleinen Dingen - Gelassenheit - Gemeinschaft - Gespräch - Gerechtigkeit - Glücksgefühl - Humor - Innehalten - inneren Frieden finden - Kraftquelle - Leichtigkeit und Loslassen, Lesen, Meditation, Meidung der Informationsflut - menschliche Sehnsüchte nach Orientierung - mich nicht wichtig nehmen, aber den Nächsten - Mitmenschlichkeit - Nachdenken über den Sinn des Lebens - nicht fremdbestimmt/außengesteuert sein - Singen/Musik - Stille - Umweltbewusstsein - Verständnis - Vertrauen - Verzicht auf Luxusgüter sondern eine klärende Einstellung zum Konsum überhaupt und ein neues Verständnis von Maß und Mäßigung - zu mir selbst kommen - Zufriedenheit - zur Ruhe kommen - Zusammensein mit Kindern und Enkeln."

Ist das möglicherweise auch das Gegenteil vom „American Way of Life"?

Am Anfang war also die Spiritualität. Um sie auszuleben, benötigt man keine Administration und keine Gesetze. Dann stellte jemand fest, dass sich die relative Abhängigkeit der meisten Menschen von ihrer spirituell gefundenen Gruppenzugehörigkeit vortrefflich über ein starres Reglement steuern lässt. Interaktion wird ersetzt durch bedingungslosen Gehorsam und Religion war geboren. Aus der kleinen überschaubaren Sekte entstand so eine Kirche. Und da die Kirche diesen Entstehungsmechanismus kennt, wird sie fortan - so gut es geht und notfalls mit brutaler Gewalt[15] - jede neue Sekte in ihrem Herrschaftsbereich zu verhindern wissen.

Hier zunächst ein ketzerischer und absichtlich etwas überspitzter Blick in die Entstehungszeit des Christentums - eine Annahme:

### Es war einmal ein Jesus

Mahatma Gandhi, eine der ganz großen moralischen Instanzen der Menschheit, hielt sehr viel von Jesus und gar nichts von dem „Verfälscher" Paulus[16]. Schauen wir uns Jesus' Vermächtnis daher einmal genauer an.

### Die Bergpredigt

Die Bergpredigt Mathäus 5,1 – 7,29 beschreibt in einfachen Worten die Ethik Jesu. Jeder kann sie nachlesen und ich greife für meine Argumentation nur fünf Stellen heraus:

Math 5,5 ... Selig sind die Sanftmütigen; denn sie werden das Erdreich besitzen. (Frommer Wunsch, der sich aufgrund der Eigenschaften der meisten Menschen nie erfüllen lässt. Wer dieser Regel folgt, wird nichts besitzen und früh sterben. Nur ein Eremit könnte durchaus nach dieser Regel existieren)

Math 5, 18: ...Ich versichere Euch: solange Himmel und Erde bestehen, bleibt auch der letzte i-Punkt im Gesetz stehen. Das ganze Gesetz muss erfüllt werden. (Das hat Paulus als erstes ausgehebelt)

Math 5,39: ... Wenn dich einer auf die rechte Backe schlägt, dann halte ihm auch die linke hin (auch hier sind uns unsere Raubtier-Gene im Weg, leider.

Denn im Grundsatz könnte eine auf diesen Prinzipien bestehende Gesellschaftsordnung zu mehr Brüderlichkeit, sozialem Engagement, Ehrlichkeit und Wahrhaftigkeit führen)

Math 5,44: ... liebet eure Feinde und betet für sie, die euch verfolgen (unsere Instinkte leiten uns anders. Erkennen wir einen Feind, versuchen wir mit allen Mitteln uns zu schützen und ihn so gut es geht für uns unschädlich zu machen - im Grenzfall auch durch Töten. Da der von uns als Angreifer empfundene Mensch über die gleichen Instinkte verfügt, würde ihn eine offen gezeigte Demutshaltung vielleicht mäßigen, vielleicht aber auch zu einer Intensivierung seines Angriffs anstacheln)

Math 6,24 ... Niemand kann zwei Herren dienen: Entweder er wird den einen hassen und den andern lieben, oder er wird an dem einen hängen und den andern verachten. Ihr könnt nicht Gott dienen und dem Mammon. (Das klappt bei normalen Sterblichen schon nicht, dafür sind sie zu sehr Opportunisten. Schauen wir uns den Lebenswandel der Kirchenführer der letzten 1000 Jahre an, dann haben sie häufig zwei Herren gedient: Dem Reden nach dem Gott, dem Handeln nach dem Mammon.)

War Jesus ein realitätsferner Träumer? Nein, er war ein begnadeter Seher, der präzise erkannt hatte, unter welchen Rahmenbedingungen ein konfliktarmes Zusammenleben der Menschen möglich ist. Er hat für eine kleine Gemeinde gewirkt, wollte am Judentum nichts grundsätzliches verändern und forderte unbedingte Gesetzestreue. Er verlangte

u. a. auch die strenge Einhaltung der Ernährungsvorschriften und die Beschneidung.

Er hatte sicher nicht die Absicht, eine neue Religion zu stiften, seine Worte richten sich an jeden einzelnen seiner Zuhörer, an sein Inneres, an seine Spiritualität.

### Der gnadenlose Missionar

Paulus hat sicher schnell erkannt, dass solche Forderungen zur Verbreitung einer Religion ungeeignet sind. Das Gesetz hat er schnell geändert: Die Speiserituale wurden verwässert und die Beschneidung abgeschafft. Die von Paulus missionierte Religion trennte sich Schritt für Schritt von ihren jüdischen Wurzeln. Nach der Lektüre der Bergpredigt ist klar: Jesus hätte diesem Treiben auf keinen Fall zugestimmt. Nun konnte er sich nicht mehr wehren, dafür hatten die Christen ihn zum Gottessohn erkoren und per Himmelfahrtslegende sichergestellt, dass keine sterblichen Überreste  von ihm mehr auf der Erde sein konnten. Maria als „Gottesmutter" war zu einem idealisierten asexuellen Frauenwesen mit immerwährender Jungfräulichkeit mutiert, so dass man jetzt ohne Hemmungen und Argumentationskalamitäten alle anderen „Menschenfrauen" herabstufen konnte. Denn: Reglementiert man den Sexualtrieb, dem wohl nachhaltigsten aller Triebe, so ist es ein Leichtes, die Menschen in einem dauerhaften Zustand eines „schlechten Gewissens" zu halten, darin zu manipulieren und letztendlich zu beherrschen.

### Religion für Raubtiere

Da trat also einmal in der Geschichte unserer Welt einer auf, der die Liebe als Fundament seiner Gedanken predigte und dessen Thesen durchaus zu einem friedvollen Zusammenleben aller Menschen hätte dienen können: Jesus von Nazareth. Leider hat es die Evolution nicht geschafft, den Menschen von seiner unseligen Raubtiermentalität zu befreien. Aber das konnte sie nicht, denn das Zeug zum Überleben vor allem in Grenzsituationen hat eben nur das Raubtier und der „gute Mensch" hat das Nachsehen.

Paulus hat diese Schwäche der Jesus-Lehre schnell erkannt und diese gnadenlos umgearbeitet zu einem robusten System, dessen Mitglieder auch in einer Raubtierumgebung gut bestehen können. Das Christentum wurde zum Wolf, der sich einen schönen und „blickdichten" Schafspelz umgeworfen hat. Eigentlich eine Erfolgsstory, denn die Kirche existiert nun  schon fast 2000 Jahre – aber um welchen Preis? Heute, wo das Christentum geläutert seinen oft recht blutigen „Eroberungsjahren" entwachsen ist, schicken sich andere Religionen an, ihr wahres Gesicht zu zeigen und es wird wieder Generationen dauern und viele Menschenleben kosten, bis diese Fehlentwicklung korrigiert wird. Auch diese Religionen werden versuchen, mit Denkverboten „Entartetes Denken" zu behindern und damit das Sichtbarmachen des wahren, lieblosen Kerns zu verhindern. All das beweist doch nur die wenig göttliche Natur, die in den meisten Religionen steckt.

Entlarvend klingt hier die Definition von „Religion" nach Durkheim[17]

> „Eine Religion ist ein solidarisches System von Überzeugungen und Praktiken, die sich auf heilige, d.h. abgesonderte und verbotene Dinge, Überzeugungen und Praktiken beziehen, die in einer und derselben moralischen Gemeinschaft, die

man Kirche nennt, alle vereinen, die ihr angehö-
ren."

Oder prägnant und kurz:

„Die Religionen verkörpern das Beste in uns - und
das Schlechteste[18]"

## Buddhismus

Der Buddhismus benötigt keinen Gott, weder Himmel
noch Hölle und kennt auch keine Seele, keine Sünde, dafür
aber viel Spiritualität und Meditation. Religiöse
Administration wie beim Christentum ist ihm fremd.

Das geistliche Oberhaupt der tibetischen Buddhisten,
der Dalai Lama[19], genießt gerade in der westlichen Welt ein
großes Ansehen und wird von vielen Deutschen als der
„weiseste Mensch der Gegenwart"[20] angesehen. Er rangiert
in der Beliebtheitsskala oft noch vor dem Papst. Im
Zusammenspiel mit anderen Religionen gilt der
Buddhismus als meist friedliche Religion[21] [22] [23], wenn auch
in der Geschichte einige gewalttätige Entgleisungen
festzustellen sind[24].

In unserer Zeit erfreut sich der Buddhismus gerade unter den jungen Leuten, die sich in Scharen von den christlichen Amtskirchen abwenden, steigender Beliebtheit. Einen
Grund dazu nennt Ullrich Schnabel in der *Zeit*[25]: „... junge,
häufig gut ausgebildete Erwachsene, die nach spiritueller
Orientierung suchen und dafür auch gerne bereit sind, an
einem Renovierungswochenende selbst mit Hand
anzulegen..."

Empfehlenswert sind auch die Bücher und Hör-CD von
Joachim-Ernst Berendt[26].

Aus dem Blickwinkel der Spiritualität heraus betrachtet, liegt der Buddhismus als viertgrößte der Weltreligionen wesentlich dichter an den Bedürfnissen der Menschen als die drei größten. Es lohnt sich auf jeden Fall, dort einmal aktiv „hineinzuschauen". Auch eingeschworene Atheisten dürften da kaum Berührungsängste haben.

### André Comte-Sponville

ist ein 1952 in Paris geborener Philosoph, an dem niemand, der an den Themen Spiritualität, Religion und Gott interessiert ist, vorbei kommt[27] [28] [29] [30]. Hier kurzgefasst einige Aussagen:

Was Gesellschaften zusammenhält ist die Fähigkeit der Mitglieder zur Kommunion. Gemeint ist eine horizontale Verbindung der Mitglieder einer Gesellschaft, deren Verbundensein. Teilen ohne Aufteilen. Beispiel: Der zentral-katholische Terminus der „Kommunion" wird von Comte-Sponville in seiner ursprünglichen Bedeutung als „Gemeinschaft" und als Zusammensein verstanden. Von diesem Standpunkt aus betrachtet, kann es Kommunion auch ohne christlichen Glauben geben, jedoch niemals ohne ein gemeinsames „Bekenntnis", das erst ein echtes Gemeinschaftsgefühl ermöglicht. Durch das Teilen dieses Gefühls gewinnt der Teilende umso stärkere Glücksgefühle und Bestätigung, je mehr er teilt. Es ist wie beim gemeinsamen Genuss eines Kuchens: Allein kann ich zwar mehr davon essen, den Genuss kann ich jedoch nur im Teilen mit Anderen genießen und steigern.

Man muss einfach die weiter oben zitierten Werke dieses Philosophen gelesen haben, um einen nachhaltigen Eindruck seiner Ideen zu bekommen. Ich mache es mir daher

an dieser Stelle einfach und zitiere aus einer Rezension des
Buches „Woran glaubt ein Atheist?[31]

- "Schalten Sie einmal einen Privatsender ein, sehen
  Sie einen Tag lang fern, und dann fragen Sie sich
  angesichts all dieser Dummheit, Brutalität und Ge-
  meinheit: Wie hätte ein allmächtiges und
  allwissendes Wesen das wollen können?

- Argumente, nicht an Gott zu glauben oder zu
  glauben, dass er nicht existiert: Die mangelnde
  Erfahrung; meine Weigerung, etwas, das ich nicht
  verstehe, durch etwas zu erklären, was ich noch
  weniger verstehe; das Übermaß des Bösen; das
  Mittelmaß des Menschen; und schließlich die
  Tatsache, dass Gott so sehr unseren Wünschen entspricht, dass man allen Grund zu denken hat, er
  sei nur erfunden worden, um sie - wenigstens in
  der Phantasie - zu erfüllen

- 'Gott ist kein Theorem. Es geht nicht darum, ihn
  zu beweisen oder abzuleiten, sondern darum, an
  ihn zu glauben oder nicht'.

- Die atheistische Spiritualität, die Comte-Sponville
  als Kniefall vor der Erhabenheit der Natur anemp-
  fiehlt, ist nichts weiter als eine kirchenlose
  Religiosität. Sie beruht wie das Gotteserleben
  kirchlich gebundener Menschen auf subjektiver
  Erfahrung. Man merkt dem Buch deutlich an, wie
  sehr der Autor seine transzendentalen Bedürfnisse
  zu bewahren sucht, während er in einen inneren
  Abwehrkampf gegen Amtskirchen jeder Couleur
  verstrickt ist, weil er durch die Fundamentalismen
  der Gegenwart das Erbe der Aufklärung gefährdet

sieht, vor allem die Trennung von Staat und Kirche. Aber er stellt keineswegs die Kulturleistungen der Weltreligionen in Frage, vor allem nicht die Werte des Christentums: 'Was bleibt vom christlichen Abendland, wenn es nicht mehr christlich ist?' Darauf gibt es zwei Antworten: Entweder Sie denken, dass nichts davon bleibt. Dann gute Nacht. In diesem Fall haben wir dem Fanatismus im Äußeren und dem Nihilismus im Inneren nichts mehr entgegenzusetzen - und der Nihilismus ist, anders als anscheinend viele glauben, die bei weitem größere Gefahr. Reichtum hat noch nie genügt, eine Zivilisation zu begründen. Elend noch weniger. Es bedarf auch der Kultur, der Phantasie, der Begeisterung, der Kreativität, und nichts von alldem ist ohne Mut, ohne Arbeit, ohne Mühe zu haben."

So und äußerst geistreich im Detail argumentiert er gegen die Existenz Gottes, anerkennt aber auch die für das Zusammenleben der Menschen erforderliche Maß an Glauben und Spiritualität. Und das in einer Art und Weise, dass es zu einem „Atheistischem Glaubensbekenntnis" gereicht.

### Kirchengesang

Um einem möglichen Missverständnis gleich aus dem Wege zu gehen: Es geht hier nicht um die in der Kulturgeschichte der Menschheit einzigartigen Leistungen christlich geprägter Musikschaffender von den herrlichen gregorianischen Chorälen über J. S. Bach (um nur einen von vielen zu nennen) bis zu den bemerkenswerten Schöpfungen unserer Epoche. Was ich kommentieren will sind die musikalischen Fadheiten, mit denen sich das fromme „Fußvolk" zufrieden geben musste.

Denn es gibt da ein Phänomen, das mich als Teenager bereits tief beeindruckt hat: Das Negro Spiritual (Gospel).

Beginnen wir mit meiner noch gospelfreien Jugendzeit. Ich habe in meiner katholisch geprägten Sozialisierungs- phase sicher einige hundertmal einen Gottesdienst besu- chen müssen, an einen irgendwie gearteten erhabenen Schauer kann ich mich beim besten Willen nicht erinnern. Auch die Kirchengesänge lösten keineswegs Begeisterung aus: Ein großer Teil der Erwachsenen um mich herum sang spürbar lustlos und herunterleiernd in meist falschem Rhythmus und manchmal auch falschen Tönen. Der Orga- nist versuchte oft vergeblich, die Masse (und damals waren die Kirchen noch voll!) durch frühzeitigen Anschlag der ersten Note einer neuen Liedzeile etwas anzutreiben.

Ein für mich typischer Vertreter dieser Musikgattung ist das Lied „Fest soll mein Taufbund immer stehn, ich will die Kirche hören! Sie soll mich allzeit gläubig sehn und folg- sam ihren Lehren! Dank sei dem Herrn, der mich aus Gnad in seine Kirch berufen hat, nie will ich von ihr weichen!" Man achte auf die Diktion: Hier wird von einem Heranwachsenden verlangt, dass er sich nachhaltig und aus Überzeugung hinter das vom Taufpaten gegebene Gelöbnis stellt. Und das in einem befehlenden Ton, der auf nachhal- tige Prägung ausgerichtet ist. Nichts, was einen begeistern oder emotional angenehm berühren könnte findet sich in einer der Strophen. Meine katholische Sozialisation hat meine eigene Spiritualität unter einer dichten Decke aus Angst, schlechtem Gewissen, Zwang und der daraus resultierenden Unlust weitgehend begraben. Die Spiritualität musste einer unvollkommenen, fremdbestimmten Religiosität weichen.

Als ich gegen Ende meiner Pubertät durch gute Freunde den Weg zu den Negro-Spirituals[32] [33] gefunden hatte, habe ich erfahren, wie Kirchenmusik unter die Haut, um nicht zu sagen direkt ins Herz gehen kann. Den Anfang machte die Gruppe „The Bells of Joy" u. a. mit dem Lied „How Sweet It Is"[34]. Man singt mitreißend davon, dass es süß sei, Jesus zu kennen, weil er ein Freund ist. Nichts Drohendes, keine versteckten Strafandrohungen. Den tiefsten Eindruck machte dann „He's a Friend of Mine" vom St. Paul Baptist Church Choir in Los Angeles[35]. Und dann noch Reverend Kelsey[36] mit „Shine for Jesus" - mitreißend im schönsten Sinne des Wortes. Das Zusammenspiel von Vorsänger, Gemeinde und Instrumentalisten war für mich neu aber sofort verständlich: Die Menschen im Gottesdienst waren eine echte Gemeinschaft, waren in jeder Hinsicht voll bei der Sache, improvisierten gemeinsam ohne erkennbar falsche Töne mit einem hinreißenden Rhythmus. Ich glaube, dass das, was Comte-Sponville unter „Kommunion" als Voraussetzung für Spiritualität versteht, hier angeboren zur Verfügung steht.

Mir ist klar, dass diese musikalischen Fähigkeiten der Afroamerikaner uns Europäern nur eingeschränkt zur Verfügung stehen. Deswegen wirken von uns Europäern gesungene Gospels oft auch irgendwie etwas gestelzt.

Aber mitreißen lassen können wir uns schon, es lohnt sich!

### Ausklang: Das Dilemma des homo sapiens

Auch Atheisten sollten anerkennen: Religionen sind Folge und Werkzeug unseres Wesens: Sie sind der verzweifelte Versuch, unsere Raubtiermentalität zugunsten einer sozialeren Verhaltensweise zu bändigen. Wie das Raubtier sich im Rudel um einen durch Rangkämpfe ermittelten Anführer schart, so haben findige Führer den abstrakten Gott (oder gleich mehrere davon) als außerhalb jeder Kritik (= Rangkampf) stehendes Geistwesen erfunden und gleich die passenden Gebote und Verbote dazu geschaffen. Damit befinden wir uns jedoch in einem schier unlösbaren Dilemma: Die meisten Menschen benötigen einen Gott (oder Götter) als abstrakte Führungsinstanz, aber zumindest einige unserer Denker und inzwischen auch Millionen „normaler Sterblicher" ahnen, dass es ihn nicht gibt.

Kann man dieses Dilemma auflösen?

Nur schwer: Die Raubtiermentalität weg-evolutionieren funktioniert nicht, da die Evolution biologischen Regeln und nicht Vernunftsgesetzen folgt.

In keiner der mir bekannten Religionen findet sich eine Art Weltgeist oder Weltvernunft, auf die sich alle einigen könnten. Im Gegenteil: Es findet sich immer noch Potential zu grausamen Religionskriegen. Und trotzdem wäre ein konstruktiver Dialog zwischen den Religionen vermutlich der einzige Ausweg. Wenn wenigstens die drei abrahamitischen Religionen es schaffen würden, sich auf eine gemeinsame Charta zu einigen, wäre vielen Kriegen der Gegenwart zumindest die ideologische Basis entzogen.

Geniale Menschen haben schon in antiker Zeit das einzige Verfahren zum Finden eines Rudelchefs gefunden: Die Demokratie mit dem Wahlkampf als Ersatz für die Rangkämpfe. Allerdings setzt eine echte Demokratie einen gewissen Bildungsstand des Wahlvolkes voraus, damit eine Fehlleitung der Massen durch geschickte Wahlkämpfer erkannt und verhindert werden kann. Außerdem ist nur etwa die Hälfte der Staaten auf dieser Erde demokratisch.

Die Vereinten Nationen als Dachorganisation haben zwar schon vieles erreicht, aber niemand wird sie als eine moralische Instanz sehen. Das schaffen nur einzelne Menschen und mir fallen hier nur der Dalai Lama als international und teilweise auch interreligiös anerkannte Persönlichkeit sowie Papst Franziskus ein.

So bleibt nur die Hoffnung, dass es die Menschheit mit hoffentlich noch zunehmendem Bildungsstand schafft, ihre Situation mit Vernunft und nicht durch die Brille der Augenscheinzeit zu sehen. Leider läuft uns die Zeit davon und die gewaltigen existenzbedrohenden Probleme wie u.a. die Ressourcenvernichtung und die steigende Bevölkerungszahl harren einer Lösung. Wenn auch in entwickelten Regionen ein Trend zur Besserung zu erkennen ist, so gilt dies nicht für die Gesamtbevölkerung der Erde: Die weniger entwickelten Völker tragen wesentlich mehr zum ohnehin ungesunden Wachstum der Erdbevölkerung bei als die entwickelten.

## Hinweise und Quellen

[1] Brief an Erik Gutkind
[2] Die Welt als Wille und Vorstellung
[3] Auschwitz-Überlebender, zitiert von Ferdinando Camon in „Conversazione con Primo Levi"
[4] http://www.de.chabad.org/library/article_cdo/aid/1639355/jewish/Spiritualitt.htm.
[5] Kahl, Joachim (Marburg): Weltlich-humanistische Spiritualität - Seele des Atheismus. Vortrag in Stuttgart am 22. Oktober 2009
[6] Kahl, Joachim (Marburg): Weltlich-humanistische Spiritualität - was ist das? Aus 'diesseits' 1/2000
[7] Berendt, Joachim-Ernst: „Das Leben - ein Klang. Droemer Knaur 1996, S. 203
[8] „ewige Religion". Das, was allen Religionen gemeinsam ist

[9] Archetypen sind die im kollektiven Unbewussten angesiedelten Urbilder
menschlicher Vorstellungsmuster, wobei vor allem elementare Erfahrungen wie
Geburt, Ehe, Mutterschaft, Trennung und der Tod in der Seele der Menschen
eine archetypische Verankerung besitzen Sie haben zu allen Zeiten und in den
unterschiedlichsten Kulturen ähnliche Bilder hervorgebracht und können als
kollektive Menschheitserfahrungen gelten (Lexikon online
http://lexikon.stangl.eu/151/archetypen/)

[10] Berendt, Joachim-Ernst: „Das Leben - ein Klang. Droemer Knaur 1996, S. 211

[11] Vortrag „Spiritualität und intellektuelle Redlichkeit" in
http://www.youtube.com/watch?v=N1MBG7FaZKM und
http://www.youtube.com/watch?v=tvb2SARH5_I. Manuskript
Metzinger_Berlin_2010.pdf in http://www.philosophie.uni-mainz.de/

[12] Hamer, Dean: „Das Gottes-Gen. Warum uns der Glaube im Blut liegt". Kösel
2006

[13] Robert C. Cloninger: „Temperament and Character Inventory (TCI)". u. a.
verkürzt in http://www.wissenschaft.de/archiv/-
/journal_content/56/12054/1547563/Das-Gottes-Gen/

[14] Walter, Dr. Rudolf in:
www.einfachlebenbrief.de/.../Umfrage_Spiritualitaet_Auswertung.pdf

[15] Es gibt leider zahlreiche Beispiele für das grausame, menschenverachtende
Vorgehen der katholischen Kirche gegen aufsässige Minderheiten. Weiteres s.
Stw. Katharer in Wikipedia o. ä.

[16] http://www.theologe.de/theologe5.htm: „Wie Paulus die Lehre des Jesus
verfälschte".

[17] Durkheim, Émile (1858 - 1917), Französischer Soziologe und Ethnologe. Zitiert
aus „Die elementaren Formen des religiösen Lebens", Neuauflage Verlag der
Weltreligionen, Frankfurt/M. 2007

[18] Zitat von Ralmon Panikkar in P.M. Perspektive Die Welt der Religionen 1995

[19] Dalai Lama: Der Weg zum Glück - Sinn im Leben finden. Herder Spektrum
2002

[20] Buddhismus, eine Religion ohne Gott aus: http://www.zeit.de/2007/12/
Buddhismus/ Seite 1

[21] Mensching, Gustav: Buddhistische Geisteswelt. Holle Verlag Darmstadt 1955.

[22] Schischkoff, Georgi: Philosophisches Wörterbuch. Kröner Verlag 1991. Stw.
Buddhismus und Nagarjuna

[23] http://www.zeit.de/2007/12/Buddhismus/

[24] So werden gewalttätige Missionierungen z. B. in der Mongolei genannt [18], die
grausame Verstümmelung und Ermordung von Chinesen 1937 durch die
buddhistischen Japaner oder die Kamikaze-Flieger im 2. Weltkrieg hatte diese
Religion nicht zu verhindern gewusst (s. a. Wagner, Hans-Günter: „Zen,
Kamikaze und ein abgekackter Finger" in http://www.kommundsieh.de/
art.pdf)

[25] http://www.zeit.de/2007/12/Buddhismus/Seite-1

[26] J.-E. Berendt: Das Leben - ein Klang, Wege zwischen Jazz und Nada Brahma.
Droemer Knaur 1996. Dort auch Hinweise auf weitere Literatur und
Übungsmaterialien

[27] Comte-Sponville, André: Ermutigung zum unzeitgemäßen Leben. Ein kleines Brevier der Tugenden und Werte (2010, Erstpublikation 1996), ISBN 3-499-62599-7

[28] Comte-Sponville, André: Woran glaubt ein Atheist? Spiritualität ohne Gott. Diogenes Verlag Zürich 2008, ISBN 3-257-06658-9 (französische Originalausgabe 2006)

[29] Comte-Sponville, André: Kann Kapitalismus moralisch sein? (2009), ISBN 978-3257067385

[30] Wikipedia, Stw. André Comte-Sponville, Stand Sommer 2014

[31] http://www.deutschlandradiokultur.de/glaube-auch-ohne-gott.1270.de.html?dram:article_id=190961

[32] Berendt, Joachim Ernst und P. v. d. Knesebeck: Spirituals. Nymphenburger Verlagshandlung München 1955.

[33] Jahn, Janheinz: Negro Spirituals. Fischer Bücherei Nr. 472, 1962

[34] The Bells of Joy: „How sweet it is".in Negro Spirituals, LP vogue LDM 10.002 1953?. In Youtube zum Anhören verfügbar

[35] The St. Paul Baptist Church of Los Angeles: He's a Friend of Mine. 78UPM-Schallplatte, Capitol C 80246 (1954?). In Youtube zum Anhören verfügbar

[36] The Reverend Kelsey with the Congregation of the Temple Church of God and Christ, Washington DC 1951. Brunswick 10110 EPB. In Youtube zum Anhören verfügbar

# Fragmente

Wenn die Aussagen der vorangehenden Kapitel im Wesentlichen stimmten, entzögen wir den meisten Religionen das Fundament. Aber was kommt danach? Idealistisch gesehen könnten die Vorstellungen des Humanismus[1] [2] und die Grundzüge der Ethik, so wie sie u. a. Kant beschrieben hat, alle nützlichen Verhaltensempfehlungen der Religionen ersetzen. Die meisten Menschen aber sind nicht so geschaffen, dass sie mit einer rein rationalen Betrachtung ihrer Handlungsweisen leben können. Das Irrationale in uns allen fordert eine Befriedigung der emotionalen Bedürfnisse, und dazu sind die Rituale der Religionen oft gut geeignet. Denken wir nur an die Macht der Musik. Viele der bereits in der Jugend gelernten mehr oder weniger genial komponierten Kirchengesänge sitzen so tief, dass wir bei deren Erklingen auch dann in eine wohlige Verzückung geraten, wenn deren Text bei genauem Hinsehen von einer unerfreulichen Unsinnigkeit ist. Nicht umsonst hat man uns immer gepredigt, dass gerade die Musik und die Befähigung der Menschen zu deren Schaffung und Interpretation ein Beweis für deren göttlichen Ursprung ist.

Aber wir haben uns in den Jahrhunderten an so schöne eingängige Glaubensbestandteile wie das Jesuskind in der Krippe, die Schutzengel, dem teils dräuenden, teils helfenden Gott gewöhnt. Und das soll plötzlich alles nicht mehr sein? Werden wir dann nicht zu aggressiven Monstern, weil uns die moralische Richtschnur fehlt oder weil wir keine Angst mehr vor harten und vielleicht sogar ewig währenden Strafen haben müssen?

Ich überlasse die Beantwortung dieser Fragen Ihnen und Ihrem Spürsinn. Nachfolgend eine kleine Zusammenstellung weiterer Themen in zufälliger Reihenfolge.

## Etwas Statistik

Weltweit lassen sich nur etwa 10% der Bevölkerung keiner Religion zuordnen[3], in weitgehend säkularen Staaten wie Deutschland oder Frankreich sind es immerhin schon über 35%[4]. Im zu über 90% katholischen Polen dagegen ist ihr Anteil verschwindend gering. Über weltweite Trends ist wenig Sicheres veröffentlicht. Durch Vergleich von Geburtenentwicklung und Religionszugehörigkeit lässt sich zumindest qualitativ feststellen, das gerade streng religiöse Gesellschaften wesentlich mehr Nachwuchs haben als die eher säkularen und das oft gegen jede wirtschaftliche und pädagogische Vernunft. Der im europäischen Rahmen festzustellende relative Anstieg der Atheisten an der Gesamtbevölkerung wird im globalen Rahmen durch die Reproduktionsfreudigkeit vieler „Theisten" relativiert.

Nach dem Ende des 2. Weltkrieges war in Gesamtdeutschland der Anteil konfessionsgebundener Menschen ungefähr gleich verteilt. Die äußerst restriktive Religionspolitik der DDR führte zu einem drastischen Anstieg der Nichtkonfessionellen. Nach einer Erhebung aus dem Jahre 2011[5] zeigt sich folgendes Bild: In den alten Bundesländern liegt der Anteil derer, die konfessionslos sind oder nicht zu den drei größten Religionsgemeinschaften (römisch-kath. Kirche, evangelische Landeskirchen, Muslime) zwischen 14% (Saarland) und 52% (Hamburg), in den neuen Bundesländern zwischen 68% (Thüringen) und 81% (Sachsen-Anhalt). Will man den Anteil der

Konfessionslosen wissen, dann müsste man die oben genannten Prozentzahlen noch etwas nach unten korrigieren: In Gesamtdeutschland fallen etwa 3,4% in die Kategorie „andere Religionen"[6]. Bleibt noch festzustellen: Nach der Wiedervereinigung ist Deutschland signifikant konfessionsloser geworden.

### Die Menschheit kann ohne Götter nicht leben

Wir sind nicht dazu geschaffen, friedlich, einsichtig, tolerant und altruistisch zu leben, obwohl die Evolution zur Abmilderung des reinen Egoismus ein gewisses Maß an Gemeinsinn gefördert hat. Man kennt sogar die Hirnareale, die hierfür tragend sind.

Für viele ist Gott Segen und Druckmittel zugleich, um uns vor uns selbst zu schützen. Wahrscheinlich haben die Gotteserfinder genau das gewusst und entsprechend gehandelt. Aber sie schufen nur eine Illusion, denn wirklich besiegt haben die Götter unsere Unzulänglichkeiten nie.

Der größere Teil der Menschheit wird also auf absehbare Zeit nicht ohne diese Illusionen auskommen können. Wünschenswert jedoch wäre es, überall dort, wo es irgend möglich ist, den Einfluss der Religionen zurückzudrängen: Kant statt Katechismus, verantwortlich gelebte Freiheit statt Kadavergehorsam[7].

### Trennung von Kirche (Religion) und Staat

Von den Mitgliedstaaten der Europäische Union (EU) hat der Laizismus, also die konsequente Trennung von Staat und Religion, nur in Portugal, Tschechien und Frankreich Verfassungsrang. Da es in einem laizistischen Staat bei extremer Auslegung zu einer Diskriminierung der Religionen kommen könnte, dürfte die Anzahl der

interessierten Staaten auch in Zukunft begrenzt sein.
Realistischer ist daher das Durchsetzen einer Forderung
nach Religions*freiheit*.

Interessant ist hier das Geschehen in der Türkei. Dort hat
durch Kemal Atatürk die Verpflichtung zum Laizismus
Verfassungsrang: Das türkische Verfassungsgericht 1937:

> „ ....Eine zivilisierte Lebensform, die die Grundlage
> für ein Freiheits- und Demokratieverständnis, für
> die Unabhängigkeit, die nationale Souveränität und
> das humanistische Ideal bildet, die sich mit der
> Überwindung des mittelalterlichen Dogmatismus
> zugunsten des Primats der Vernunft und einer
> aufgeklärten Wissenschaft entwickelt haben
> (...).“ Ferner stellt das Gericht fest, dass „in der
> laizistischen Ordnung (...) *die Religion von der
> Politisierung befreit, als Führungsinstrument verdrängt
> und ihr der richtige und ehrenvolle Platz im Gewissen
> der Bürger zugewiesen wird*.[8]“

Das sind Formulierungen, an denen nichts auszusetzen
ist.

Die Forderungen für eine echte Religionsfreiheit sind äußerst diffizil, wie wir an dem folgenden Beispiel feststellen
können.

### Beispiel Eidesformel

Für die Darstellung der Problematik eines Gottesbezuges
in staatlichen Regelungen nehme ich hier den Artikel 56 des
Grundgesetzes (GG) der BRD. Er definiert die Eidesformel
beim Amtsantritt des Bundespräsidenten "Ich schwöre,
dass ich meine Kraft dem Wohle des deutschen Volkes wid-
men, seinen Nutzen mehren, Schaden von ihm wenden, das

Grundgesetz und die Gesetze des Bundes wahren und
verteidigen, meine Pflichten gewissenhaft erfüllen und Gerechtigkeit gegen jedermann üben werde. *So wahr mir Gott
helfe.*"

Was bedeutet das? Darf der Politiker etwa seine Pflichten verletzen, wenn er spürt, dass ihm Gott die Hilfe
verweigert oder ist es nur eine Formel, die uns unsere
Fehlbarkeit vor Augen führen soll? Sicher kann der Eidleis-
tende auf diese religiöse Beteuerung verzichten, aber eine
neutrale, verbindlichere Formulierung wäre als Amtseid für
alle Menschen unabhängig von ihrer religiösen Vorstellungen besser geeignet.

### Ein „Runder Tisch" für die Religionen

Eine universelle Weltordnung mit Einbeziehung aller
Religionen muss die Religionsfreiheit in allen Staaten
garantieren, dies sollte Verfassungsrang haben. Eine solche
Religionsfreiheit ist auf absehbare Zeit, wenn überhaupt,
nur in regionalen Gemeinschaften (z. B. EU) realisierbar.

Ein weiteres Dilemma ist nicht lösbar: Der größte Teil
der Menschheit braucht Religion, um halbwegs
menschenwürdig (über)leben zu können. Bildungstand,
Sozialisation und Umgebung lassen ein religionsfreies
Leben nicht zu. Auf absehbare Zeit werden sich nur wenige
von diesen Zwängen befreien können.

Nun könnte man versuchen, alle einflussreichen Religionen der Welt an einen runden Tisch zu bringen und eine
gemeinsame Charta z. B. zu Menschenrechten,
Gleichberechtigung von Mann und Frau zu beschließen.
Die Regeln sollten möglichst einfach sein. Hierzu ein Beispiel, wie ein solches Vorhaben unsere menschlichen
Fähigkeiten hoffnungslos überfordern kann: Die von Issak

Asimov 1950 formulierten Gesetze der Robotik, denen alle Systeme mit künstlicher Intelligenz unterliegen sollten[9]:

1. Ein Roboter darf kein menschliches Wesen (wissentlich) verletzen oder durch Untätigkeit gestatten, dass einem menschlichen Wesen (wissentlich) Schaden zugefügt wird.

2. Ein Roboter muss den ihm von einem Menschen gegebenen Befehlen gehorchen – es sei denn, ein solcher Befehl würde mit Regel eins kollidieren.

3. Ein Roboter muss seine Existenz beschützen, solange dieser Schutz nicht mit Regel eins oder zwei kollidiert.

Die theoretische Wirksamkeit dieser Roboter-Gesetze wird im Grundsatz von niemandem angezweifelt, an der Realität scheitern sie z. B. bereits daran, wenn sie bei militärischen Roboteranwendungen in ihr genaues Gegenteil verkehrt werden (zahlreiche Beispiele bieten die modernen Waffensysteme). Die aktuellen Schnüffelmethoden gewisser Geheimdienste oder das Verhalten einzelner sozialer Netzwerke widersprechen auch eindeutig den Asimovschen Regeln.

Der deutsche Altkanzler Helmut Schmidt hat in einer erfrischend klaren Analyse die Verantwortung der Religionen für den Weltfrieden[10] dargestellt und ein paar einfache Prinzipien formuliert:

1. Jeder Mensch ist menschlich zu behandeln

2. Was Du nicht willst, das man dir tu, das füg' auch keinem andern zu[11]

Auf der Grundlage dieser beiden Prinzipien nennt er vier unumstößliche Verpflichtungen:

a. Verpflichtung auf eine Kultur der Gewaltlosig-
keit und der Ehrfurcht vor dem Leben

b. Verpflichtung auf eine Kultur der Solidarität und
einer gerechten Wirtschaftsordnung

c. Verpflichtung auf eine Kultur der Toleranz und
eines Lebens in Wahrhaftigkeit

d. Verpflichtung auf eine Kultur der Gleichberechtigung und Partnerschaft von Mann und Frau

Dem könnte man noch ein Verbot der (früh)kindlichen
religiösen Indoktrination und eine Verpflichtung der Staaten zu einer Förderung der Bildung breiter Bevölkerungsschichten, vor allem aber der Jugend, hinzufügen. Interessant festzustellen, dass einige dieser Forderungen in den
„Zwölf ethischen Grundsätzen der Bahai-Religion"
manifestiert sind[12].

Was ist hieran realistisch? Von den christlichen Kirchen
verändert sich z. Zt. die katholische in für diese Kirche großen, für die Erreichung der obigen Ziele in vernünftiger
Zeit jedoch eher kleinen Schritten.

Ursachen dafür sind zahlreich. So müssten alle
Religionen ihren Ausschließlichkeitsanspruch abschaffen -
das würde bereits für viele Menschen die Aufgabe jeder
Glaubwürdigkeit bedeuten. Alleine die Forderung nach der
Gleichberechtigung von Mann und Frau zöge gewaltige
Änderungen in den Texten von Thora, Bibel und Koran
nach sich, was - wenn überhaupt - nur über einen sehr langen Zeitraum zu bewerkstelligen wäre. Ich wage es nicht
abzuschätzen, wie viele Generationen von Menschen verge-
hen müssten, bis ein solches Ziel zumindest in Ansätzen
erreicht werden kann.

Dann ist da noch die Gottesurheberschaft der Texte. Weil sie direkt von Gott eingesetzt sein sollen, dürfen Menschen sie auch nicht verändern. Es gibt Religionen, die ein solches Unterfangen sogar mit der Todesstrafe belegen.

Entscheidend dürfte jedoch die fehlende Motivation des religiösen Establishments sein: Alleine die Aussicht auf eine friedfertige, menschenwürdige und tolerante Welt reicht bei weitem nicht aus, die Risiken eines Umbaus der eigenen Religion zu rechtfertigen.

### Lindert Religion die Angst vor dem Tod?

Für meinen Tod schließe ich mich der Lehre Epikurs[13] an:

> „Solange wir da sind, ist er (der Tod) nicht da, und wenn er da ist, sind wir nicht mehr. Folglich betrifft er weder die Lebenden noch die Gestorbenen, denn wo jene sind, ist er nicht, und diese sind ja überhaupt nicht mehr da."

In meiner katholischen Sozialisierungsphase habe ich über den Tod nur Schreckliches gelernt: Es gibt die Hölle, das Fegefeuer und den Himmel, der in der Beschreibung eher zu kurz kam. Und dann die Sünden: Die schwer zu beichtenden Todsünden und die lässlichen Sünden. Im Beichtritual wurde dieses Schreckensszenario durch Wiederholung tiefengeprägt: Nur wer alle Sünden im Beichtgespräch detailliert auflisten kann, die Absolution erhält - ggf. nach weiterer Detaillierung - echte Reue zeigt und die Bußauflagen erfüllt, hat eine Chance, am Jüngsten Tag in den Himmel zu kommen. Je nach Lebensführung wird meist noch ein Aufenthalt im Fegefeuer vorgelagert.

Und die für mich schlimmste Zumutung: Das unge-
taufte Neugeborene war bereits mit einer Erbsünde infiziert
und käme ohne Taufe sicher in die ewige Verdammnis,
wenn es unmittelbar nach der Geburt stürbe.

Also meine Erkenntnis daraus: Zumindest diese Religion
lindert nicht, sondern schürt die Angst vor dem Tod.

### Schöne Rituale

Gewöhnt haben wir uns an schöne, ergreifende, erbauli-
che und zu Herzen gehende Rituale an den periodischen
Kirchenfesten und zu persönlichen Anlässen von der Tauf-
feier bis hin zum Begräbnis. Tröstende Gebete, ergreifende
Gesänge und starke Symbole sind über die Jahrhunderte
fester Bestandteil unseres religiösen Lebens geworden.
Anhänger der Religion nehmen diese Rituale sogar als Beweis für die Notwendigkeit von Religion, gar als Nachweis
für die angeborene Religiosität der Menschen. Würden
diese Vermutungen zutreffen, träfe es die Atheisten hart:
Keine tiefe Freude, keine Trauer, kein Trost. Aber dem ist ja
nicht so, denn diese Rituale können zwar aus religiösen
Quellen gespeist sein, entstehen aber genauso wirksam und
vor allem ballastfrei aus einem allgemeinen zivilisatori-
schen Konsens.

Atheistische oder pantheistische Grabreden sind, das
weiß ich aus eigener Erfahrung, meist erbaulicher als
christliche, weil der Schwerpunkt des Wortes auf dem
Lebensablauf der Verstorbenen liegt.

Sicher erscheint uns eine religiös geprägte Beerdigung
schöner, erfüllter, trostspendender. Im Emotionalen liegt
sicher eine Stärke der Religion, während der Atheist seine
Emotionen in einem Nichts auflösen muss - sicher etwas
viel verlangt. Hier hilft nur die Umkehrung der Blickrich-

tung auf das Gewesene, auf das Wirken des Verstorbenen.
Was war gut am gemeinsam Erlebten, was haben wir vom
Verstorbenen lernen dürfen, wo und wie hat er uns gehol-
fen. Ich glaube, dass das Vertiefen in solche Gedanken
mehr konstruktive Trauerarbeit erzeugt als das krampf-
hafte Suchen nach einer irgendwie gearteten Zukunft, sei
sie in der Hölle, im Fegefeuer oder im Himmel.

## Evolution reduziert nicht den Soziopathen-Anteil

Was haben betrügerische Finanzmanager, die Macher
des Holocaust und mordende Gotteskrieger gemeinsam?
Sie kennen kein Mitgefühl, kein Schuldbewusstsein, keine
Empathie, können sich nicht in die Lage anderer
hineinversetzen und sind unfähig, Verantwortung für ihr
Handeln zu übernehmen - und es gibt sicher noch weitere
Gemeinsamkeiten. Die Psychiatrie kennt für diese Symp-
tome die Diagnose „Dissoziale Persönlichkeitsstörung",
häufig kurz auch als „Soziopathie"[14] bezeichnet. Die Ursachen dieser Abnormität gibt es mehrere Theorien, man geht
von einem komplexen Zusammenspiel von genetischen
Faktoren und frühkindlichen Einflüssen aus[15]. Über die
Häufigkeit gibt es unterschiedliche Angaben, wahrscheinlich sind 4% der Männer und 1 % der Frauen betroffen.
Man kenn inzwischen auch den Bereich des menschlichen
Gehirns, der hier verändert ist: Die Amygdala im limbi-
schen System, das die Verarbeitung von Emotionen und
das Triebverhalten steuert[16].

Ich hatte vor ein par Jahren Gelegenheit, Auszüge aus
dem Tagebuch des Auschwitz-Kommandanten Rudolf Höß
zu hören, eindrucksvoll vorgetragen von dem Schauspieler
Gregor Lawatsch[17]. Da hört man fassungslos, mit welcher

bürokratischen, pedantischen Akribie der streng katholisch erzogene und gläubige Höß scheinbar empfindungslos die Massenvernichtung von Menschen als möglichst ökonomisch durchzuführende Pflichterfüllung gegenüber einer bedingungslos als heilsbringend erachteten Ideologie beschreibt. Das Paradoxe an Höß war nach Ansicht Broszats[18], dass er nicht der sadistische und brutale Massenmörder war. Vielmehr war er eher durchschnittlich, kleinbürgerlich, nicht bösartig, mit Sekundärtugenden wie Ordnungsliebe, Pflichtbewusstsein und Naturverbundenheit ausgestattet. Diese Qualitäten haben ihn nicht vor Inhumanität, Gleichgültigkeit gegenüber den Opfern und einer totalen Ausblendung jeglicher Moral und Ethik bewahrt.

Dabei kommt mir der folgende Gedanke: In jedem Volk gibt es den oben bereits quantifizierten Anteil teils dummer und teils hoch intelligenter Soziopathen, die weder Mitgefühl noch soziale Verantwortung kennen. Eine jede Gesellschaft wird versuchen, diese Typen von der Macht in Staat und anderen Organisationen fern zu halten und hat dazu Regeln und Rituale entwickelt. Hin und wieder gelingt es jedoch solchen Charakteren, sich zu organisieren und einen der ihren an die Spitze zu führen – die Geschichte der Menschheit kennt zahlreiche solcher Ungeheuer. Nehmen wir vereinfachend an, dass 1 Prozent der Bevölkerung unter dieser Anomalie leidet[19], so ergibt das bei einem Volk mit 50 Millionen Erwachsenen immerhin ein Potential von 500.000 - genug, um bei den technologischen Voraussetzungen eine Menschheitskatastrophe herbei zu führen.

Für die Verursacher weltumspannender Finanzkrisen können wir ohne Zweifel auch die Diagnose Soziopathie als ausgeprägte Diskrepanz zwischen persönlichem Verhalten und geltenden sozialen Normen vermuten. Zur Frage nach dem Anteil von Soziopathen in der Führung und im operativen Geschäft vor allem risikoreicher Finanztransaktionen gibt es in den USA zahlreiche Untersuchungen. Die Frage: „Are bankers sociopathic?" wird eindeutig mit „Yes!" beantwortet[20] [21] [22] [23]. Beunruhigend: Die Gesellschaft tut sich sehr schwer, solchen Menschen Zügel anzulegen. Wahrscheinlich ist es kein Problem, bei einem Eignungstest für Manager eine Soziopathie festzustellen. Aber: Warum sollte das Unternehmen einen solcherart belasteten Kandidaten nicht zumindest befristet einstellen, wenn er aufgrund seines Defektes wesentlich höhere Umsätze erwarten lässt als ein durchschnittlicher, mit Skrupeln behafteter Mitarbeiter? Auf jeden Fall fällt es „normalen" Menschen schwer, mit solchen Soziopathen zu konkurrieren: Ausgestattet mit einem hohen IQ und den negativen Merkmalen ihrer Veranlagung wie fehlendes Einfühlungsvermögen, mangelnde Reue, Täuschung, flache Emotionen sind sie nur schwer angreifbar[24]. Dazu kommt der häufig eingeforderte und auch „gelieferte" Respekt: „Der ist ja knallhart, ein *richtiger* Manager!" sagt man - fast ehrfurchtsvoll. Auch sind Soziopathen meistens hervorragende und schwer als solche entdeckbare Lügner [25] [26].

Die Evolution kann also die Anzahl der Soziopathen nicht beeinflussen, genau so wenig wie die Anzahl der Diebe und Mörder. Aber sie hat bisher wirksam verhindert, dass die *gesamte* Gesellschaft zu solchen Schmarotzern wird, die von dieser Gesellschaft leben.

Probate Waffen gegen die „Machtergreifung" der Soziopathen sind Demokratie und freie Presse, eine im humanistischen Sinne gebildete Elite, die sich artikulieren

und auch zur Wehr setzen kann, und aufmerksame Mitmenschen. All dies hat in den wenigen Wochen nach der
Hitlerchen Machtergreifung 1933 versagt, ja versagen müssen. Und aus den geschätzten 500.000 lassen sich ausrei-
chend viele große und kleine Führer, Akteure aller akade-
mischen Disziplinen und Handlanger rekrutieren. Da die
„Nationalsoziopathen" alle oben geschilderten probaten
Waffen gegen ihre Herrschaft schnell ausgeschaltet hatten,
wurde man sie auf friedlichem Wege nicht wieder los.

Doch zurück zum Thema. Aus dem vorstehend
beschriebenen geht hervor, dass die Evolution wegen ihrer
Beschränkung auf rein biologische Prozesse nicht automatisch eine Entwicklung zum „besseren" Menschen bewirken
kann: Es gewinnt immer die Linie, die sich besser an die
Umgebung anpasst und die meisten Nachkommen hat.

### Hinweise und Quellen

[1] Fromm, Erich: Humanismus als reale Utopie. Ullstein, Berlin 2005.

[2] Jean-Paul Sartre: Der Existentialismus ist ein Humanismus. In: Gesammelte
Werke, Reinbek 1994

[3] http://de.statista.com/statistik/daten/studie/256878/umfrage/verteilung-der-
weltbevoelkerung-nach-religionen/

[4] http://de.wikipedia.org/wiki/Religionen_in_Deutschland

[5] http://de.statista.com/statistik/daten/studie/201622/umfrage/
religionszugehoerigkeit-der-deutschen-nach-bundeslaendern/

[6] http://de.wikipedia.org/wiki/Religionen_in_Deutschland

[7] Forderung des Jesuitengründers Ignatius von Loyola aus den Constitutiones:
„Wir sollen uns dessen bewusst sein, dass ein jeder von denen, die im Gehorsam
leben, sich von der göttlichen Vorsehung mittels des Oberen führen und leiten
lassen muss, als **sei er ein toter Körper** (= Kadaver, Anm. d. Verf.), der sich
wohin auch immer bringen und auf welche Weise auch immer behandeln lässt,
oder wie ein Stab eines alten Mannes, der dient, wo und wozu auch immer ihn
der benutzen will." Deutsche Übersetzung von Peter Knauer (1998) aus
wikipedia, Stw. Kadavergehorsam, Stand Juli 2014

[8] Cemal Karakas: „Türkei: Islam und Laizismus zwischen Staats-, Politik- und
Gesellschaftsinteressen". HSFK-Report 1/2007, Seite 8. Download:
http://www.hsfk.de/downloads/report0107.pdf

[9] Asimov, Isaak: „I Robot" Gnome Press, 1950. Deutsch: „Ich, der Robot" Rauch-Verlag, Düsseldorf und Heyne 1973

[10] Schmidt, Helmut: „Religion in der Verantwortung", Ullstein 2012

[11] Bibel Tobias 4,15. Findet sich auch in anderen Religionen

[12] Abdu'l-Baha: Ansprachen in Paris. Baha'i-Verlag GmbH 1973. Diese Grundsätze wurden 1912 aufgestellt. Diese Religion zählt zu den abrahamitischen Religionen und hat weltweit ca. 5 Mio. Mitglieder (Wikipedia, Stw. Bahaitum Stand Frühjahr 2015)

[13] Epikur (341 - 270 v. Chr.) Brief an Menoikeus, Zitat aus: „Epikur, Philosophie der Freude" von Mewaldt, Johannes. Kröner Verlag 1973

[14] wikipedia Stw. „Soziopathie". Stand Januar 2015

[15] http://www.md-health.com/Sociopath-Traits.html, Stand Januar 2015

[16] wikipedia Stw. Amygdala und Limbisches System. Anfang Januar 2015.

[17] „Waschzettel" zur Veranstaltung „Ein deutsches Herz - Texte von Rudolf Höß, Kommandant des Konzentrationslagers Auschwitz. Für die Bühne bearbeitet und dargestellt von Gregor Lawatsch"

[18] Martin Broszat: Kommandant in Auschwitz. dtv, München 1963, S. 197 ff.

[19] Zur Schätzung der Anzahl der möglicherweise Betroffenen s. „Der Soziopath von neben an. Die Skrupellosen: ihre Lügen, Taktiken und Tricks", Springer-Verlag, ISBN-10 3-211-29707-3. s. a. wikipedia Stw. Dissoziale Persönlichkeitsstörung Anfang Januar 2015

[20] Nur eine von vielen: http://pathwhisperer.wordpress.com/2010/08/10/search-are-bankers%C2%A0sociopathic/

[21] http://www.uow.edu.au/~bmartin/dissent/documents/health/sociopathy.html

[22] Interview mit Michael Stone, New Yorker Psychiatrieprofessor im FOCUS 9.11.2009 ff (drei Artikel: „Superreiche sind oft verkommen", „Was haben Serienkiller und Superreiche gemeinsam?", „Skala des Bösen")

[23] in http://boerse.ard.de/boersenwissen/boersengeschichte-n/daniel-loeb-der-lautsprecher100.html: „Pöbeln für den Shareholder Value - Daniel Loeb: Der Lautsprecher". wikipedia Stw. Soziopathie. Stand Januar 2015.

[24] http://www.md-health.com/Sociopath-Traits.html, Chapter „High Functioning Sociopath"

[25] Hare, Robert D.: Gewissenlos. Die Psychopathen unter uns. Springer, Wien 2005, ISBN 978-3-211-25287-1

[26] Zeit Online vom 11.04.2011: „Lügner verraten sich durch Angst"

Zeitfracht Medien GmbH
Ferdinand-Jühlke-Straße 7
99095 Erfurt, Deutschland
produktsicherheit@kolibri360.de